SHODENSHA
SHINSHO

最強の60歳指南書

齋藤 孝

祥伝社新書

はじめに

干支《えと》は「十二支」と「十干《じっかん》」の組み合わせから成り、60年でそのサイクルが一巡します。自分が生まれた「元の干支に還る」のが数えで61年目。満年齢で60歳、これすなわち還暦ということになります。

還暦を迎えるということは、言わば一回りして新しく生まれ変わるということです。一方で、60歳という年齢の持つ社会的な意味は、その時代によって変わってきます。江戸時代や明治の60歳と、令和の60歳は同じではないということです。

織田信長《おだのぶなが》が幸若舞《こうわかまい》『敦盛《あつもり》』の一節「人間五十年　下天《げてん》のうちをくらぶれば　夢幻《ゆめまぼろし》の如くなり」と唄ったとおり、戦国時代では人の一生はおよそ50年くらいという認識だったようです。

翻《ひるがえ》って現代は、「人生百年時代」という言葉も聞かれます。厚生労働省によると、日本人の平均寿命は男性が81・05歳、女性が87・09歳（2022年「簡易生命表」より）です。人生をざっくり90年と考えれば、60歳は人生の3分の2を終えたということ。これからまだ3分の1の長い時間が残されているのです。80年としても4分の1あります。

実際、現代の60歳は総じて見た目が若く、明治時代の威風堂々とした大父《たいふ》のモノクロ写真などと見比べても、同じ還暦とはいえ、趣《おもむき》はだいぶ違います。夏目漱石《なつめそうせき》は享年49ですが、髭《ひげ》を蓄えた泰然たる面持《おもも》ちの写真を見るにつけ、令和の50代や60代とは比較にならない威厳と風格が伝わってきます。

令和の中高年世代が、ともすると明治の人より軽く見えてしまうのは、見た目が若いだけでなく、知識と教養が必ずしも明治人に追いついていないからと指摘する声もあります。

一般に「若い人は本を読まない」といわれますが、じつは今の60代の人が20代だった1980年代頃から、「若者の活字離れ」は既《すで》に社会問題として指摘されていました。

現在60歳前後の方で、「自分は骨太な良書をたくさん読んできた」と言い切れる人がどのくらいいるでしょう。「じつは本なんてあまり読んでこなかった」という方のほうが数としては多い、ということはないでしょうか。

残り30年という長めのラストスパートへ向けて、「何かおもしろいことをもう1つか2つくらいしてみるか」と、現実的に考えられる現代の60歳。この人生の節目を前向きな気持ちで迎えられるかどうかで、残りの30年の行く末は変わってきます。つまり、40代や50代のうちに、還暦へ向けてどのような準備をしておくかが、この上なく大切になってくるわけです。

智慧と教養を備えた魅力ある60歳へ向けて、壮年時代からどのような習慣を普段の生活の中で身につけていけばよいのか。それが本書の大きなテーマです。

昌平坂《しょうへいざか》学問所の儒官を務めた儒学者の佐藤一斎《さとういっさい》は『言志四録《げんししろく》』の中で、「少《しょう》にして学べば、則《すなわ》ち壮にして為《な》すことあり。壮にして学べば、則ち老いて衰えず。老いて学べば、則ち死して朽ちず」との言葉を残しました。

若いときから学べば壮年になって事をなすことがある、壮年になっても学びを続ければ、年を重ねても衰えることがない。老年になっても学びをやめなければ、死んだあとも自分のしてきたことは朽《く》ちずに、次へと引き継がれていく。

すなわち、人は一生をかけて学び続けるということです。まさに40代から60代のすべての人が傾聴すべき言葉といえるでしょう。

生活習慣とは、言い換えれば自分用の生活フォーマットをつくり、そこへ日々の思考や行動を落とし込むということです。「暮らしのフォーマット化」こそが習慣です。朝起きてご飯を食べ、歯を磨いて電車で通勤するという一連の行為は、その人の習慣でありフォーマットです。

フォーマットを武道の「型」に置き換えてもいいでしょう。私は空手をしていたことがありますが、空手では最初に「型」を徹底的に教わります。空手の正確な動作を身につけるのに「型」の習得は不可欠です。これをしっかりと覚えることで、初めて実戦でも突きや蹴りなどを正しいフォームで打ち込むことができます。

心と身体を習慣という名の「型」に落とし込み、日々鍛錬《たんれん》することで、実戦という人生を充実したものにできるということです。

習慣がフォーマット化されていれば「面倒くさいな」「今日はやめとくか」といった発想が浮かばなくなります。なぜなら日常に「型」として取り込まれているため、頭で考えなくてもそれが既に快適なルーティンとなっているからです。

現代経営学の生みの親であるP・ドラッカーは、「ルーティン化とは熟練していなくて判断力のない人でも天才を必要とする仕事を処理できるようにすることである」と言っています。その域にまで習慣を身に染み込ませることがまず1つ、そして自身の限界を勝手に決めつけないということが2つ目です。**「どうせ年なのだから」という発想は今日を境にどこかへ捨て去りましょう**。

たとえば、第3章では、60代の方がさほど無理をしなくても日々の暮らしに取り入れられるインプットの習慣をご紹介しています。50歳ともなれば「最近、物忘れが激しくてねえ」などと、冗談とも本気ともつかぬフレーズがつい口を衝《つ》いて出てしまうものです。

しかし、人の記憶の低下は必ずしも加齢と比例するものではなく、物忘れと年齢の間には相関がないという専門家もいます。毎年開催されている英国発祥のメモリースポーツの国際大会である「世界記憶力選手権」では、例年多くの40代から50代の方が、若い世代を抑えて入賞者に名を連ねています。

実際、昭和世代の人たちは、暗記という行為を日々の暮らしの中で今以上に行なっていました。昔は携帯電話などなかったですし、学校の友だちの電話番号もほとんど暗記したものです。

市内局番の下4桁を、無意識のうちに友だちの顔や性格などと結びつけ、これをセットで記憶するという作業を、小学生くらいの頃から皆が自然にしていたのです。

「今はもう、年だからできないよ」というのは誤りで、できないのはやらないからです。暗記することが当時ほど当たり前のことではなくなり、やろうとする習慣と意欲が失せたから覚えられないのです。

覚えることの原理をあらためて知り、効果的に記憶を定着させる行為を習慣化すれば、情報は必ず脳に長期記憶として残るものなのです。

先日、あるテレビ番組で、家事上手な一般の方が出演されていて、その方はどんなに面倒でも目の前の家事を翌日に回さないと言っていました。その理由というのが、「今やって済ませておくことは、明日の自分へのプレゼントだと思っている」というのです。「なるほど！」と、膝を打つ思いでした。

これをそのまま置き換えれば、40歳からの生活習慣は、20年後の未来の自分へ向けた最大級のプレゼントということになるわけです。

詩人のジョン・ドライデンは、「はじめは人が習慣をつくり、それから習慣が人をつくる」と言いました。これから始める習慣の積み重ねが、60歳の自分をつくるのです。

本書では、還暦の自分へ向けて40代、50代から始めていただきたい99の習慣をご紹介しています。第1章で60歳までに身につけたい基本的な習慣とともに60歳がどんな節目であるのか概念として触れ、第2章以降は思考や読書、健康、人とのつながりなどのテーマに分かれた構成になっています。

筋トレの好きな方が「筋肉は嘘をつかない」と言うように、「習慣」も嘘をつきません。個人差はあれど、結果は必ず形となって表れます。

「思い立ったが吉日」。この本を読んでいる今日が、とりかかるのに良き日です。まずは一歩を踏み出してください。

渋沢栄一《しぶさわえいいち》は、「智・情・意」（知恵、情愛、意思）の3つを均等に保って成長した人を「完《まつた》き人」と呼び、目指すべき常識人として提唱しました。

この本を手にされた方が「完き60歳」に限りなく近づくために、本書にある習慣を1つでも多く取り入れ、実践し、その成果の喜びを心身で感じとっていただけたなら、筆を執《と》った者としてこれ以上の喜びはありません。

齋藤 孝

目次

第1章 60歳までに身につけたい基本習慣

第2章　思考を磨く習慣

第3章

情報を味方につける習慣

第4章 精神の柱をつくる読書の習慣

第5章

心の余裕をつくる習慣

第6章 健康を保つ習慣

構成　浮島聡
本文DTP　アルファヴィル・デザイン

第1章

60歳までに身につけたい基本習慣

習慣1

ライフスタイルの「再構成」

新型コロナウイルス感染症のパンデミックにより、すべての価値が見直しを迫られました。これは見方を変えれば、これまでの価値観を見直し、確認する良い機会だったともいえます。

私の場合は、大学の授業がすべてオンラインになり、不都合な点がありながらも、目から鱗《うろこ》の新発見がたくさんありました。画面共有でデータ交換も簡単、グループディスカッションには便利、おまけに「出席率」が飛躍的に上がりました。

これは企業のリモートワークでも同じことがいえるでしょう。「なんだ、最初からこれでよかったじゃん」という新しい価値がコロナ禍で山ほど生まれたのです。

〝おうち時間〟の定着で家族のあり方を見直し、人生と真摯《しんし》に向き合った人もいたでしょう。私たちが社会に関与して動かせることは多くありませんが、自分を見直して価値観を「再構成」することはできます。再構成とは人生における大きな学びです。

その機会が新型コロナのパンデミックでした。

この**「ライフスタイルの再構成」は、還暦を迎えるすべての60歳が向き合うべき人生の大きなテーマ**であり、その準備は40代、50代から着手しておくべきだと思っています。

今までならしなかったことにも臆せず挑戦し、考えもしなかった分野を徹底的に調べてみるなど、これまでのライフスタイルを継承しつつ、貪欲で積極的な挑戦で整理をし直すという「前のめり思考」が求められています。

一般に、高齢者が元気なうちに財産や持ち物を整理することを「生前整理」といいますが、60代へ向けて40代、50代から準備を進めることを、最近では「老前整理」という言い方をするそうです。

本書のテーマでいえば、40歳、50歳へ向けた「60歳前整理」のための習慣ということになります。本書でご紹介する習慣の目的が、ただ単に老後の趣味を増やすといったところにあるのではなく、「ライフスタイルの再構成」という人生の大転換へつながるということを明確に理解しておきましょう。

習慣2

12ラウンド戦える体力づくり

人の一生を仮に90年と考えると、「序盤」(30歳まで)、「中盤」(60歳まで)、「終盤」(90歳まで)と3分割することができ、その中で60歳は中盤となる節目です。これからいよいよ終盤を迎えることになります。

私は〝モンスター〟井上尚弥《いのうえなおや》選手の試合を会場で生観戦するほどボクシングが大好きです。ボクシングの試合というのはご承知のとおり、フルラウンドが12回です(井上選手は早い回で相手を倒してしまうことも多いのですが)。

これを人生にたとえるなら、最初の4ラウンドまでが30歳、続く8ラウンドまでが60歳。いよいよ試合の終盤へ突入するという節目ということになります。

最終12ラウンドへ向けたラスト4ラウンドというのは、試合運びの中である意味もっとも大事な時間になります。積み重ねてきた練習をどう発揮し、ここでどうまとめていくのか――。人生でいえばそれまでの40代、50代でどんな経験を重ね、それを60

歳以降にどう発揮できるのかが問われるのです。

ボクシングIQが高いことで知られている井上選手の闘い方は、じつに高度で重層的です。考え抜いた戦略と持ち前の技術で試合を運び、イレギュラーなことが起これば瞬時に対応します。

そもそも戦略を実現するためのパンチ力が破壊的ですが、それを担保する日々の努力の蓄積は、私たちファンの想像を絶するものがあるはずです。

12ラウンドという時間を完全燃焼して戦う姿は、志を持たずに漫然と人生を流して生きている60歳とは正反対ということになります。

還暦以降を生きるということは、9ラウンド以降も試合を続けていくということです。これからも学びを続け、体験を続け、挑戦を続け、考えることを続けなければなりません。

試合の終盤というのは、どの選手にとっても思った以上に長い時間です。60歳にはまだ4ラウンドも残されているのです。その時間をどう闘い、人生の終盤をまとめるのか。それを考えて実践してくのは私たち自身ということです。

習慣3 クリエイティブなセンスを養う

60歳がいかにクリエイティブな可能性を秘めた年齢なのか、それを示す考え方を哲学者・ニーチェが『ツァラトゥストラはかく語りき』の中に残しています。

ニーチェは目指すべき人としての姿を、「人間的」な弱さを乗り越えるという意味の「超人」という概念で示し、そこへ到達するには「駱駝《らくだ》」「獅子《しし》」「幼子《おさなご》」の3つのプロセスを経て成長していくと述べています。

「駱駝」は、重い荷を背負って歩く動物ですので、これは既存の権威や社会的な規範に従いながらも、それにより己《おのれ》を磨いていく人生の時期を象徴しています。学校や塾へ行って勉強をしたり、受験のために遊びを我慢したりして自己研鑽する時期と考えてもいいでしょう。

「獅子」は、経験を積んで自立する強さを身につけ、必要であれば目の前の規範や体制に反意を突きつける勇気を持っている段階です。

社会人であれば、仕事上のスキルをしっかりと身につけ、会議などで上司や同僚とも議論を戦わせることができる会社員というところでしょう。

唯々諾々《いいだくだく》と周囲に従うのではなく、必要なときは獅子のように強い意志を示すことができるというステージです。

最後が「幼子」です。これは、既存の権威を否定してむやみに抗《あらが》うのではなく、幼子のようにイノセントに受け入れながら、自発的に楽しみ、その上に新たな価値を創造していくというイメージです。

人生を3分割した最終段階、すなわち今の時代でいう60歳以降は、既存の権威も柔軟に取り入れ、新しい価値を創造できる人であるということができます。

クリエイティブな心を発揮すべき時期が60歳からなどと聞くと、これからの人生の終盤が俄然ポジティブに感じられ、ワクワクしてくる気がします。

60歳過ぎから新しい趣味を始めてみて、数年後にそれがプロ並みの腕になってしまい、ビジネスに発展してしまうような人も世の中にはいます。ニーチェ的な発想では、それもじつに自然なことであるといえます。

習慣4 社会的な「通信簿」を気にしない

働いていれば世間から一定の社会的評価を受けることになります。名の通った企業に就職し、順調に出世して周囲から一目置かれる人もいる一方、期待した評価を受けられずに50歳に至り、定年までの10年をどう過ごすかで悩む人もいるでしょう。

また、高校の同級生の年収がどのくらいで、最近開かれた同窓会で周囲が彼をどう評価したかなど、気になって仕方ないという人もいるかもしれません。

これはつまり、誰もが社会から「通信簿」を受け取っているようなもので、その成績を互いに牽制しながら、やきもきしているという話なのです。

独立して成功していた仲間が事業に躓《つまず》いたとき、素直に同情できなかった自分を嫌悪したこともあったかもしれません。

「妬《ねた》みは魂の腐敗である」と言ったのはソクラテスですが、それがあるが故《ゆえ》の人間でもあります。そして、その感情の源は「通信簿」があったからではないでしょうか。

大事なことは、会社を退職して肩書きがなくなれば、もう通信簿は届かないということです。**小学校時代から絶えることなく受け取り続けた通信簿が、ついに自分の人生と無縁になるのです。**

リタイアをしたらもう何もやりようがありません。やりようがないということは、やらなくていいということです。生涯初めて通信簿と無縁の人生が新たにスタートするわけです。

そもそも勤め人としての通信簿は、勤務先の企業や出身大学のネームバリュー、年収の額など、さまざまな付加価値で大きく左右されたというのも事実です。しかしリタイアしたらもはや全員がフリー。「付加」されていたジャケットは剥《は》ぎ取られ、皆が同じ1人の個人です。過去の通信簿にまったく意味はないのです。

「いろいろあったけどもう終わり」と割り切れる年齢。そこをポジティブに捉えることが大事です。逆にいえば、退職すれば世間から持ち上げられていた自分のソーシャルパワーも消えるわけです。だからこそ次へのスタートを切らなければならない。これこそが60歳という人生の大きな節目ということができると思います。

習慣 5

還暦を人生の「中締め」と捉える

60歳とは、人生をいったん清算する時期ともいえます。別の言い方をすれば、宴席などでいう「中締め」のようなものではないでしょうか。

中締めというのはたいてい、宴会の終盤で行なわれます。「60歳が人生の3分の2くらいの節目」ということであれば、それとイメージが重なってこないでしょうか。

要はそこでいったん清算し、その後の時間はご自由にという区切りです。

飲み足りないならこのままどうぞ。カラオケに行きたい方、もう帰りたい方はご随意に。ここからは強制力はありません。別の過ごし方をお選びください、というのが中締めです。

この中締めというのはけっこう大事で、終盤の区切りがないと宴会はダラダラと続くだけで締まりがなくなります。人生に置き換えれば、緊張感や成長意欲がないダラけた60歳以降につながるわけです。

定年までは一生懸命に働き、60歳という中締めでリセットし、まだ働き続けたければ再雇用制度を希望してもいいでしょう。でなければ、会社人生から完全に離れ、かねてからの念願だった趣味の世界に没入する道を選んでもいいでしょう。それを選ぶタイミングが人生の中締めです。

中締めというのは二次会への準備でもありますから、60歳を迎えたときに「あぁ、ここからは人生の二次会なんだな」と受け止めてみるのがいいかもしれません。

一次会は苦手な同僚とも杯を重ねたけれど、二次会は気の合う仲間だけで別の店でゆっくり飲むのもいい時間です。

強制感のない、今まで肩に乗せていた負荷を降ろした、いい意味でのユルッとした時間が60歳以降の人生であるといえます。そういう意味で、60歳という年齢はまさに人生の「中締め」なのです。

この中締め感覚、あるいはリセット感覚というものは、70歳や80歳以降の節目でも意識してみるといいでしょう。人生の成熟期を迎えた人たちにとって、10年単位の中締めというイメージはとくに大事になってくる感覚だと思います。

習慣 6

本質的なアイデンティティを探す

定年で一線を退くということは、ある意味「アイデンティティ（存在証明）」を失うことです。会社員としての肩書がなくなり、フリーな存在として社会の〝平場〟へ解き放たれ、「何者でもない一人の60歳」として生きることになるわけです。自分が自分であるという自信を喪失する人もいるでしょう。

とはいえ、自分だけがリタイアを強いられたわけでもなく、社会全体のシステムがそうなっているのですから、順番が自分にも回ってきただけのことです。柔道のように、投げられたときに上手に「受け身」をとれる心の柔軟性といいましょうか、現実を受け入れられるメンタルのしなやかさを60歳までに備えておきたいものです。

今まで自分を支えてきたプライドや自尊心を脱ぎ捨て、還暦を過ぎた自分の社会的価値を客観的な視点で素直に受け止めることはとても大事なことです。

むしろプラスに考えれば、これまで依存してきた社会的な存在意義が喪失し、初心にかえって素直さを取り戻しながら、本質的なアイデンティティを模索するための人生の旅に出る機会でもあるわけです。

松下幸之助《まつしたこうのすけ》は、「素直な心」を養い高める大事さを説きました。すなわち、囲碁は1万回打てば初段の強さになれる、素直な心になろうと願いながら日々を過ごせば、1万日（約30年）で「素直初段」にはなれる、そう自著に残したのです。

年を重ねて社会的地位が上がるほど、むしろ謙虚に、自分という実像を見失わずにいるために必要なのは「素直さ」です。

「素直初段」であれば、会社員として培《つちか》ったアイデンティティが喪失する現実に対し、脱力した心で上手に受け身をとれるはずです。

その素直さを養うには、囲碁の練習のように毎日の積み重ねが必要であるということ。つまり、40歳、50歳からの生活習慣が何より大切であるということなのです。

三島由紀夫《みしまゆきお》は、「アイデンティティは最終的に人生で1つ持っていればいい指紋のようなものだ」と言っています。勤め人としてのそれが失われても、1人の人間としてのアイデンティティを生涯かけて模索してほしいと思います。

習慣7

新しいことに飛びつく

60歳というのはある意味、「恐れがなくなる年齢」だと思っています。言い方を換えて「もう恐れなくていい年齢」という見方でもいいかもしれません。

孔子《こうし》の残した言葉に「吾《われ》十有五にして学に志す、三十にして立つ、四十にして惑わず、五十にして天命を知る、六十にして耳順《したが》う、七十にして心の欲する所に従えども、矩《のり》を踰《こ》えず」というものがあります。

15歳で学問を志した孔子は、「40歳になって迷うことがなくなり、60歳から人の言うことに素直に耳を傾けられるようになり、70歳になったときには思うまま生きても規律や道徳（＝矩）から外れるようなことはなくなった」と弟子に語っています。

これを現代の60代にあてはめても同じことがいえそうです。一般に、社会での豊富な経験を持つ年齢層というのは、少々のことをしても、それほど大きく道を踏み外すようなことはないものです（もちろんそうでない人もいますが）。

踏み外さないということは挑戦しやすいということ。最低限の思慮を働かせられるため、少なくとも滅茶苦茶な方法はそう選ばない。それが60歳です。

面白そうなことが目の前にあれば、躊躇《ちゅうちょ》せずに踏み出してみることを強くお勧めします。その決断が残りの人生を変えるのです。

教養を養うには、専門外のことへ果敢に挑戦していくのがいい。60歳になったら若いときよりも仕事の負担が減り、より積極的に挑戦できるはずです。

ChatGPTやグーグルのGeminiなどの生成ＡＩが注目されていますが、これを「よくわからない」と言って敬遠するのでなく、まず触れてみること。リスクを踏まえて使ってみれば意外に面白く、何より生活に役立てることができる合理性のあるツールであると気づくはずです。

新しいことに挑戦するのに年齢は関係ありません。私の父は生前、60代で書道を本格的に習い始め、70歳くらいで師範の免状を貰えて嬉しそうにしていました。

人生でもう一山も二山も楽しいことが待っている、そんなポジティブな60代を過ごしたいものです。

習慣8

「型」に思考と行動を落とし込む

50代までに成熟し、60代で円熟期を迎えられれば理想的な人生といえるでしょう。

仏教では、如来《にょらい》を目指して修行中の菩薩《ぼさつ》が「成熟」であり、完成の境地に至った如来が「円熟」であるという考え方があります。

成熟からさらに円熟までを目指すには、教養を身につけて人格者を目指したいところですし、それには愚直なまでの習慣の積み重ねが必要です。

人格者に簡単になれるハウツー本のようなものはありませんが、1つの「技」として役立つ方法はあります。

人格者といえば、私などは映画『男はつらいよ』で笠智衆《りゅうちしゅう》さんが演じた「御前様《ごぜんさま》」が頭に浮かびます。たとえばこのような人を典型としてイメージし、普段からそのように振る舞ってみることで、御前様のような60歳に自然と近づいていくものです。

これは、御前様という存在がフォーマットとなり、その「型」に自分の思考と行動を落とし込むということです。一見、小手先のように思えますが、習慣とは力があるもので、繰り返すうちに本質が身についていくのです。たとえるなら、憧れている野球選手の打撃フォームを完コピし、毎日１００回素振りをするようなことです。

あるいは、御前様ほど有名なキャラクターでなくても構いません。身の回りに立ち居振る舞いの立派な人がいれば、その人を常にイメージして行動してもいいでしょう。

哲学者アリストテレスは、**「人は繰り返し行なうことの集大成である。優秀さとは行為ではなく習慣だ」**と言っています。習慣として繰り返し〝素振り〟を続けることで、今まで苛《いら》ついていたことにさほど神経質にならなくなり、御前様のように人や出来事に鷹揚《おうよう》に構えることが自然とできるようになるはずです。

大事なことは、不機嫌でいないこと、そして人の話を聞くことです。イライラして話を聞かず、否定ばかりして話が長い。これでは全方向から敬遠される60歳になってしまいます。

「創造は模倣から始まる」という言葉があるように、模倣から答えへつながる道を見つけ出すのも１つの方法であり、人生を豊かにする技であると考えてください。

習慣9

退職で「人生の清算」をする

定年を迎えて多くの人が気づくことは、いかに組織という社会的な力に守られて生きていたかということでしょう。ある知人は大手メディアに勤務していましたが、退職してフリーの立場で取材を申し込んでも断られることが多くなったそうです。

こうした学歴や職歴などの社会的な力は、ある種の「通行手形」です。一流といわれる大学を卒業して大手企業に就職すれば、それらを通行手形として多くの関所を通してもらえます。リタイアとは、この通行手形の有効期限が切れてしまうこと。今まで通過できた関所も、手ぶらではもう通してもらえません。

そのことに気づかず、退職後のご近所との会合などの場で、「私、あの有名な企業の重役だったんですよ」などと、期限が切れた通行手形を振りかざして自慢にならない自慢話をする。こうした60代が多いのはじつに哀しいことです。

これは実体験から知ったことです。私は若い頃にある市民大学で10年ほど講師をしていたのですが、そういったプライドを捨てられない哀しき60代の受講生の方たちを数多く見てきました。しかもこれが毎年のことなのです。

戦前の政治家・高橋是清《たかはしこれきよ》は、政治家になる前に英語教師をしたり農商務省で働いたあと、南米に渡ってペルーの銀山開発事業に取り組んだことがありました。しかし、結果は大失敗。失意のどん底で帰郷を考えていた高橋に声をかけたのが、日銀総裁だった川田小一郎《かわだこいちろう》です。

「帰るのはいつでもできる。君の身体を預けてくれ」と声をかけられた高橋は、「丁《でっ》稚奉公《ちぼうこう》からお願いします」と頭を下げたといいます。

官僚として特許局長に就任したほどの経歴を持ちながら、実業界では経験値がゼロであること、官僚時代の「手形」が役に立たないことを高橋は理解していたのです。高橋はのちに日銀副総裁、大蔵大臣、そして第20代内閣総理大臣を歴任しています。

リタイアした人がまず心がけることは、これまでの人生を清算し、しがみついているその通行手形を今すぐ捨て去ることです。そうでなければ一歩も前へは進めません。その節目こそが60歳ということです。

習慣10

「妥協力」を身につける

60代以降をある意味で象徴する言葉の1つとして「清濁《せいだく》併せ呑む」があります。これを「妥協」と言い換えると、途端に「意に沿わない不本意な決断」という否定的な意味合いで捉える人も多いようです。

『ラ・ラ・ランド』というアメリカのミュージカル映画が日本で公開された時、主演のライアン・ゴズリングさんが来日しました。

作品は、いわゆる「現実と夢、理想と妥協」がテーマなのですが、会見でゴズリングさんが「妥協（compromise）は決して悪いものではない」という話をしていて、折り合いをつけていく大事さについて語っていたのが印象に残っています。

実際、現実社会においては、折り合いをつけながら「妥協点」となる落としどころを見定めてものごとを進めるものです。妥協とは「中庸《ちゅうよう》」という概念に通じます。

孔子は、「君子は中庸す、小人《しょうじん》は中庸に反す」という言葉を残しました。この中庸とは、過不足なく調和がとれている徳のことです。作家の江戸川乱歩《えどがわらんぽ》は「生きるとは妥協することである」とも言っています。

「綺麗で正しいモノしか受けつけない」という考えは、妥協しない美意識というより、現実の困難さや複雑さを理解しようとせず、そこから目を背《そむ》けているような印象さえ受けます。

正解は1つの究極だけではなく、選べる道はいくつもあるということ。

妥協できるのが大人の力、20代では理解できなかった中庸の心を持っているのが、60歳という世代ではないでしょうか。

言い換えれば、60歳までにはその器の大きさを備えておきたいということになります。そういう意味で、「妥協力」とでもいうべき概念を40代くらいから心に意識し、習慣化して生活に取り込んでいくことは大事になってくるでしょう。

最適な「妥協点」を見出すのは簡単ではなく、ややもすると単になまけていることになりがちです。そのためにも40歳くらいのときから10年、20年かけた訓練が必要になるということです。

習慣11

迷ったら「ストレスが少ない」ほうを選ぶ

仕事にせよ趣味にせよ、40代や50代、あるいは60代が今後の豊かな人生のために何を選んでいくかの選択の基準として、「ストレスが少ないこと」を選ぶというのは、かなりお勧めできる方法だと思っています。選択肢が2つか3つあるのなら、その中で一番「ストレスが少ない」ものを選ぶわけです。

とはいえ、これは決して楽な道を選べと言っているのではなく、「心の負荷にならない」選択肢を採るということです。活字好きにとっては、活字を読まないことが、登山好きには、登らないことがストレスです。

じつは私は学生の頃、あまりに暇で毎日ダラダラし続けてみたことがあったのですが、これはこれでストレスになるわけです。何もせずにいると、人は何かをしたくなるものです。

人は多少なりとも承認欲求や達成感を求めますので、社会から期待されない自分に対しては自己否定感も湧《わ》いてきます。つまりは「楽」ではないのです。

一方、「この作業だけはいくらやっても不思議と苦にならない」というようなことが、誰にも1つはあるものです。「本を読むのは苦手だけど、数式を解くのは疲れない」という人もいれば、その正反対の人もいます。

「疲れない」は「飽きない」ということ。飽きなければ嫌いにならずに続けられる、ならば必ず上達します。上達すれば幸福感を味わえる。それは自分の人生に「合っている」ということに他なりません。

中高年世代は、極力そういったものを自分の仕事や趣味に選んでいっていいということだと思います。

漫画家の水木《みずき》しげるさんは、「なまけ者になりなさい」と言いました。企業からリタイアした60歳以降は、もう「疲れないこと」を選んで生きていいと思うのです。

それには、何が自分にとって「楽」なのかを、40~50代までに見つけておく必要があります。挑戦と失敗をできるだけ早いうちから繰り返し、遅くとも60歳まではある程度の答えを出しておきたいものです。

習慣12 「ITスキル」をアップデートし続ける

あらゆることにインターネットが不可欠な時代です。一般に「お年寄りはITが苦手」などといわれますが、OSの「ウィンドウズ95」が1995年に日本に上陸してから既に30年近くが経ちます。

ポータルサイト「ヤフージャパン」のサービス開始が翌96年で、SNSの先駆けとなったミクシィやアメーバブログの登場が2004年です。今の60歳の方々はこうしたIT系サービスを若いうちから使ってきたはずです。

問題は、自分世代までのITスキルだけに関心があり、新しい流れには無頓着という高齢者ではダメだということです。

それは結局、「セクハラとかコンプラなんて意味わからん」と言って逃げているのと同じで、リテラシーの変化に追いつけていないのです。結果、詐欺に騙《だま》されたり、SNSで他者を傷つけて訴えられたりすることにもなります。

そもそも、ウィンドウズ95世代にとって、データ入手は「ググる」のが常識。「あの店の場所」「あの俳優の名前」のように、「答えのある問い」を入力することが前提です。

しかし、今は既に「VUCA（不確実）」の時代。「答えのない問い」に対峙する時代に突入しています。もう既に追いつけていない人が増えているはずです。

私は大学で教鞭をとる立場ですが、文部科学省からは、「テクノロジーを活用する授業を組み入れてほしい」と要請されており、授業内容もその都度、新しい形に組み替えている状況です。教育のICT化の波を皮膚感覚で知る一人なのです。

情報格差によって生じる混乱は、これからますます広がります。60歳の人が90歳まで生きるとすれば、まだこれから30年近く、自身のITスキルをアップデートしていくことになるのです。

新しいIT知識をお子さんやお孫さんから教わるのも楽しい時間ですし、シニア向けのIT系スクールなどもあるようです。自身の還暦へ向けて「学び直し」も兼ねるつもりで門を叩くのも一案です。そこで新しい友人の輪が広がるかもしれません。

習慣13

孤独を楽しむ

60歳を過ぎたら「孤独」を楽しめる大人になりたいものです。1人でいる時間や空間で楽しみを味わえる人は、感動や喜びを自分で生み出せる人でもあります。

大学時代のサークルのように、誰かと一緒につるまないと楽しめないというのでは、60年を生きた人間の厚みとしては、いささか寂しい気もします。

誤解してはいけないのは、「孤独」という状態が寂しいのではなく、「孤独感」という心情が人を寂しくさせるのです。1人でいること自体はネガティブなことでもなんでもないのです。

あるいは「孤独」を「単独」と置き換えてもいいでしょう。60歳になったら基本は単独で行動をし、そのゆったりした時間を楽しめるようになりたいものです。

書道や読書が好きな人が部屋でそれに没頭している時間は、独りではありますが、本人には至福の時であるはずです。単独での時間を楽しめる人は、ぶれない自分を持っている人。そういう意味では、若い世代よりは50代、60代といった経験豊かな世代のほうが、本来は1人時間を有意義に過ごせるはずだと思います。

一方、ある意識調査では、「1人での外食が好き」と答えた20代男性が60パーセント以上いたのに対し、60～70代では30～35パーセントくらいにとどまったといいます。『孤独のグルメ』というテレビドラマの主人公は、60代の松重豊《まつしげゆたか》さんが演じておられますが、もしかしたら、現実の60歳はそれほど独りメシを楽しめていないのかもしれません。

独りでいることが不安な人は、他人とのつながりでしか社会と関われないため、誰かに同調して流されやすくなり、やがて自己肯定感をすり減らしていきがちです。

単独でいることを楽しめる人は、ぶれない自分がありますから、誰かに依存することもなく、自分を軸にして生きていけます。人からどう思われるかも気にしないため、媚《こ》びたりおもねったりすることもありません。その必要がないからです。

他人とのコミュニケーションを適度にとりつつ、自己責任や自己完結が求められる場面ではそれを抵抗なく遂行できる、そんな60歳を目指したいものです。

習慣14

退屈を味方につける

「退屈」を楽しめることも人生では大事です。ぼーっとした時間を何もせずに過ごせる人は、じつは心が穏やかな状態にあるといえます。

哲学者の國分功一郎《こくぶんこういちろう》教授は著書『暇と退屈の倫理学』（朝日出版社）の中で、17世紀の思想家パスカルの言葉を借りながら、「人は退屈から抜け出したい欲求からウサギ狩りをするのであり、ウサギ自体が目的なのではない。目的は退屈からの脱却である」という意味のことを書かれています。人は退屈を本質的に苦痛と感じる生き物ということです。私もかつて『退屈力』（文藝春秋）という本を書いたことがあります。

退屈を苦痛に思わない、むしろ楽しめる「退屈力」を多くの人が身につけられれば、生きづらさを覚える人は世の中から減っていくはずです。**「ぼーっとしている時間」を心豊かに過ごせれば、それはある意味で最強の人生といえるかもしれません。**

たとえば、日向ぼっこというのは陽だまりでゴロゴロするだけで、非生産的な行為の極みにも見えますが、やってみるとストレスが消えて心が穏やかになります。科学的に言うと、日光を浴びることでセロトニンが分泌され、精神が安定するといった理屈もあります。しかし、ここはあまりロジカルに考えずとも、退屈を楽しむことに埋没したいところです。

夕涼みというのも日本人には馴染みのある習慣で、戸外でのんびり涼をとるだけなのですが、これによって古来、人々は心を柔らかに整えてきました。

電車に乗っていると、どの世代もスマホにかじりついている人がほとんどですが、たまには鞄に仕舞って、窓の外を流れる景色をぼんやり眺めるのもいいものです。

このように人がぼーっとしているときの脳の状態を、神経科学では「デフォルトモード」と呼び、この状態のときに発想がふと湧いてくることが多いそうです。弛緩《しかん》した状態の脳がクリエイティブであるというのはじつに興味深いところです。

結局のところ、人生とは緊張と緩和、静と動、多忙と退屈の繰り返しです。このメリハリの中で「退屈」と友だちになれる生活習慣の会得を、60歳を迎える人たちに模索してほしいと思います。

習慣15

執着心を捨てる

リラックスして心の力を抜くという行為は、ある意味「執着心」をなくすことにもつながります。仏陀《ブッダ》は人の苦悩は執着という煩悩《ぼんのう》から生まれ、その執着をなくすことで苦しみから解放されると説きました。涅槃《ねはん》や解脱《げだつ》とはそうした状態を呼ぶのだといいます。

「大局から見ればどっちでもいいいや」という気持ちで心の力をうまく抜き、執着するエネルギーを減らすことができれば、60歳以降の人生は随分と穏やかなものになることでしょう。

たとえば、宅配物が指定した時間に届かなかったことで猛烈に腹が立ったときは、執着していた「時間厳守」への思い込みを緩《ゆる》めてみてください。すると、「近年は宅配業者さんも大変な時代」「そもそも大して急ぎではなかったかも」ということになり、結果的に自分の心を平穏に保つことができます。

一般に偏屈な年寄りといわれる人の特徴の1つは、イラついて瞬間的に怒り出すことだったりしますが、執着心を捨てることができるだけで、「偏屈ジジイ」からは脱却できます。

いつまでも執着しているから不機嫌なのであって、固執する心をなくせば、そもそも怒る理由がなくなります。「何に怒ってたんだっけ?」となるでしょう。

シェイクスピアの描いたリア王などはまさに偏屈な年寄りの典型で、私は彼をサンプルに『リア王症候群にならない　脱!不機嫌オヤジ』(徳間書店)という本を書いたことがあります。要は不機嫌で嫌われているおじさんは、愛されるおじさんに変わっていく努力が必要であるということ。それにはまず執着心を捨てることです。

とらわれていた執着を断ち、精神を平らかにする技《わざ》を身につけるというのは、60歳からいきなりというのは難しいものがあります。早い時期から習慣として取り組んで、50歳くらいまでにはそれなりの形にしておくことが理想でしょう。

いい意味での妥協や諦め、中庸の心を持つ心のトレーニングをすることで、執着をなくしていくことはできるはずです。

習慣16

「出家」する覚悟を持つ

先日、紫式部《むらさきしきぶ》の『源氏物語《げんじものがたり》』を読み返したのですが、平安時代というのは「出家」というものがかなり普通に行なわれていたことがわかります。

物語では藤壺《ふじつぼ》の女御《にょうご》や紫《むらさき》の上《うえ》、秋好中宮《あきこのむちゅうぐう》など多くの女性が出家をしたいと望んだり、実際に出家をする場面が描かれています。浮舟《うきふね》が2人の男性からの求愛で板ばさみになり、煩悶して宇治川《うじがわ》に入水《じゆすい》を試みるも、横川《よかわ》の僧都《そうず》に助けられて出家する場面はあまりに有名です。

翻《ひるがえ》って現代、60歳という人生の大きな節目を、この「出家」という感覚を取り入れて受け止めてみるのもいいと思います。もちろん、厳密な意味での出家ではありませんが、いわば「出家感覚」といったところでしょうか。

一般に出家とは、社会生活を捨てて仏門に入り、悟りの境地へたどりつく、といった意味で理解されています。今の時代に「出家」と聞くと、家庭生活や物質的な欲望を捨て去るという意味で悲壮感が漂《ただよ》いそうですが、平安時代には貴族出身者の出家も多くいました。出家後も人間関係が途切れなかったり、出家前の生活とさほどの違いがなかったりする人も多かったようです。**仏の道を極める厳格な修行というより、「世俗から逃れた静穏な第二の人生の始まり」といえます**。

会社と家との往復だけに時間を費やした60代の男性が、仮に30年近くの時間をこれから自由に使えるのならば、それは人生における大転換です。「出家感覚」というのもそれほど大仰《おおぎょう》とはいえず、むしろ「ライフスタイルの再構成」という意味では、しっくりくる表現であるといえます。出家という覚悟があれば、新しい経験への挑戦など恐れる必要もなくなります。

老後の人生がどんなものなのか、感覚的に摑みにくいという40代や50代の人たちは、是非この「出家」という観念を心に置いて、「自分は60歳に出家のような人生の再構成の時期を迎える」ことをイメージしてみてください。

10年後、20年後に「出家」をするのであれば、出家を迎えるまでの大切な時間をどう過ごすかが、今まで以上に具体化してくるのではないでしょうか。

習慣17 物欲を整理していく

「物欲を捨てるべし」などと聞くとまるで仏道修行のようですが、そこまで厳格化しないまでも、物欲を「整理」する準備は60代を前に始めておきたいものです。

無理にミニマニストを目指す必要はありませんが、**物欲の全体量を絞り込んで暮らしの負荷を減らし、心を整理することは、還暦後の人生に必ずプラスになります。**

私も50歳くらいから物欲が減ったように感じています。若い頃は手に入れた本を手放すなんてありえない、自分だけはそんなことはしないと思っていました。

ところが、今の家に引っ越しが決まった際、本棚十数台分の書物を運び込むのは難しいということになったのです。

残りの人生を逆算して考えれば、それらすべてを読み返すことは現実的には無理です。泣く泣くではありますが、ある程度の本を諦める決心がつきました。これはつまり、保有する書物を「整理」したということです。

今もまだ心残りがないといえば嘘になりますが、これまで執着していたものを手放したことで新たな気楽さを知ったのも事実なのです。

『開運！　なんでも鑑定団』という番組がありますが、出演する収集家の多くは物欲に縛られているというよりは、「ヴィトンのバッグに関心はないけど伊万里《いまり》焼の皿には惜しげもなく金をつぎ込む」といったタイプの人が多いようです。

あるいは、「皿なんて興味がないけどブリキのおもちゃ集めに命を懸ける」という人もいます。これは物欲が「整理」されているということです。

一方で、年老いても物欲が止まらない人も世間にはいるようで、定年で得た退職金を高級な時計や車など、多分野にわたって浪費を続け、もはや家庭崩壊寸前というようなケースがネットニュースなどで紹介されていました。

過剰にケチケチした余生を過ごすのも考えものですが、60歳になってもまだモノへの執着から離れられないというのは、40代、50代からの心の準備を怠《おこた》った人なのかなという気がしてしまうのです。

習慣18

ハラスメントへの意識を変える

日本初のセクハラ民事裁判といわれる訴訟が起こされ、流行語大賞の新語部門金賞に「セクシャル・ハラスメント」が選出されたのが1989年。セクハラという言葉はこれを機に広まりました。当時は女性への差別を禁じる民法の規定もなく、それが当たり前とされていた時代でした。

2024年に60歳を迎える人でいえば、89年は20代半ば。これが70歳であれば30代半ばのときです。つまり、日本の60歳以降の高齢者は、30歳、40歳くらいまでセクハラという言葉を知らず、その概念と無縁で生きてきたということなのです。

とはいえ、いくら知らずに生きてきたといっても、価値観や倫理観を時代に合わせてアップデートしなければならないのは当然です。とくにハラスメントに関する意識改革は、本来なら若いうちに完全に終えておくべき課題です。

じつは脳機能の見地からも、年をとってからハラスメント意識を変えていくのは難しいとの指摘があります。一般に人間の脳は加齢とともに老化が進みますが、中でも早く萎縮が始まるとされる部位の1つが前頭葉《ぜんとうよう》です。この前頭葉は人の感情を制御し、たとえば冗談や独り言を言うときにも活性化するといいます。

60代の人がいとも簡単にセクハラ発言をしてしまったり、部下へのパワハラ行為を抑えられなかったりするのは、この前頭葉の萎縮が原因の場合もあるということなのです。

事実、前頭葉と精神症状に関するある研究では、事故で前頭葉を損傷した男性の症例として、「場違いなジョークやセクハラ発言」などが過去にも報告されています。60歳になってから意識を急に変えることの難しさがわかります。

意識せずともセクハラ発言など口から出てこない、自然体でいても節度を守れる自分を、本来は30代までにつくりあげる。これは、心の習慣として完全に身につけておく必要があると私は思っています。

孔子の言う「七十にして心の欲する所に従えども、矩《のり》を踰《こ》えず」のとおりです。それこそが成熟を示す1つの理想的な形でもあります。

習慣19 「逆算思考」を身につける

毎日忙しい時間を過ごしている人でも、生き方を見つめ直すことで時間の使い方は変えることができます。24時間をどういう優先順位で使うのか、それを決めるのはその人の持つ価値観です。

元ＷＢＡ世界ミドル級チャンピオンの竹原慎二《たけはらしんじ》さんは、過去に癌《がん》を患って死を意識したとき、「人生は一度しかない」と痛切に感じ、病から復帰してからは、以前なら嫌だと思った仕事も楽しめるようになるなど、人生観がガラリと変わったといいます。

じつは私も、かつて大きな病に倒れたことがあり、「どれだけ仕事をしても死んだら終わりだ」と思い知らされた一人です。

死を現実のものとして捉え、時間に限りがあると本当の意味で考えたのは、このときが生涯で初めてでした。以降、私の時間の使い方は激変しました。限りのある時間をどう振り分けるべきか、そこへの価値観が生まれたのです。

この価値観は年齢や立場で変わりますので、誰もが同じ優先順位になることはないでしょう。20歳と60歳では時間の流れがまったく違います。

共通するのは、**ゴール地点を設定し、そこから逆算して残された時間を考え、そのうえで「自分は何を優先すべきなのか」を真剣に考え、実践していくということです。**

ポイントは、最優先のものを見極め、常にそれをやること。いつ人生の終了が来ても悔いないように。

仕事ができる人は段取り上手です。着手する前にタスクの全体像を俯瞰《ふかん》してゴールを設定し、そこへ至る最短距離を論理的にデザインします。この逆算して最短コースを描く「逆算思考」が身についている人は、仕事も人生も同じような法則で考えることができます。

90歳までの残りの30年を俯瞰して捉え、培った価値観で優先順位をつけながら、それを実践していくことができれば、残された人生はより豊かなものになるでしょう。

時間の使い方とはその人の持つ価値観であり、その時間術の価値観こそが、知識と経験に裏づけられた哲学であるといえます。

習慣
20

「死」を意識しながら生きる

自分がどんな60代を迎え、どんな死を迎えたいかを40代くらいから習慣として意識しておくというのは、とても大事なことだと思います。

死を遠い未来の何かと放置しておくのではなく、日常生活の延長にあるものとして心の中に置けば、今現在の生き方はそこへ導かれていくはずです。

松尾芭蕉《まつおばしょう》は常に自身の死を意識しながら旅をし、その中でたくさんの句を詠《よ》みました。その意味で、いわゆる辞世《じせい》の句というものは存在しない、もしくはすべてが辞世の句だったともいわれています。

そのうえで、生前最後の句として詠んだのが、「旅に病んで夢は枯野をかけ廻る」という句です。旅人として自らの生涯を終えたいという彼の死生観が、令和の日々を安穏と暮らす私たちの心の奥底にまで響いてくる気がします。

一方、今の時代に死を日常の意識の中に取り入れて暮らしている人は少ないと思います。むしろタブー視して触れないようにするのが普通でしょうか。

そもそも、「人生百年」などといわれていますが、寿命をあたりまえにまっとうできると思うところから再考する必要があるでしょう。

この国で癌《がん》で亡くなる方の数は年間30万人以上ですから、普通に考えればいつ自分がその中の1人になっても不思議なことではないわけです。

どのような局面で死を迎えるにせよ、芭蕉のように自らの死と向き合いながら日々を過ごした人であれば、刹那《せつな》のときに出る言葉に人生観が表われるはずです。

作家のグレース・ハンセンは、「人生が終わってしまうことを恐れてはならない。人生がいつまでも始まらないことが怖いのだ」と言いました。また、古代ローマの言葉で「メメント・モリ」、すなわち「死を想え」という奥深い言葉があります。

「死」にはその人の「生」が反映されます。自分がどのような死を迎えるのか、そのために今から何をするべきなのか。意識の俎上《そじょう》に載せておきたい問いです。

先行きを明るく展望しつつ、死を忘れない。「白露や死んでゆく日も帯締めて」（三《みつ》橋鷹女《はしたかじょ》）の心が私は好きです。

第
2
章

思考を磨く習慣

習慣21 バラバラの情報をつなげる

還暦後の人生を豊かなものにしてくれるのは「教養」です。教養こそが年齢を重ねた大人を輝かせてくれます。

何が起きても落ち着いて事態を受け止め、高い理解力で的確な判断ができ、他人へも心遣いができる人。そんな60歳が理想といえるでしょう。

物知りでクイズが得意だからといって、教養があるというわけではありません。記憶量が多いこと自体は素晴らしいのですが、雑学王と教養人は違います。

記憶した情報というのはそのままではバラバラです。断片化された情報のピースを知性でつないで理論を構築し、深みのある思考へつなげられる人こそが教養人です。

情報Aを記憶したら、記憶済みの情報Bとのつながりで A を理解し、さらに別のCやDといった情報とも……といった具合に、Aをインプットすることで、CからDまでを含めた立体的な思考がその人の中で育まれます。教養とは、情報と情報のつながりで重層的に構成された智慧なのです。

教養人はインプットした情報に付加価値をつけてアウトプットしますし、その奥深いアウトプットを支えるのが日々のインプット、すなわち毎日の学習や経験ということになります。

教養のある人というのは、ちょっとしたジョークにも含蓄《がんちく》があるものです。下ネタを連発し、周囲からドン引きされるおじさんとは違います。

ゲーテは秘書で詩人エッカーマンとの対話の中で「私の言うジョークひとつにも金貨一袋分くらいの投資がなされているんだよ」と言っています。もちろん、この言い回し自体がゲーテ流のユーモアであるのですが、それだけの知の蓄積があってこその言霊《ことだま》が、教養人の放つジョークであるということです。

とはいえ、年をとったら自然と教養が備わるわけではありません。

若いうちから書物や芸術に触れ、多くを経験することで、人の本質はどんどん厚みを増します。それゆえ40歳、50歳の生活習慣が大事になってくるわけです。

習慣22

知識を地層のように重ねる

「教養」とは、情報のつながりで重層的に構成された智慧であるというお話をしました。それぞれバラバラなままでは大きな意味はなく、1つの知識から次の知識へネットワークのようにつながっていくことが大事です。

それは、新しい情報が頭の中で回り続ける中で、その一部が長期記憶として定着し、既に定着していた別の知識の上に積み重なっていく地層のようなイメージです。

たとえばある地層で遺跡Aが発見され、そこから何万キロも離れたもっと深い地層から別の遺跡Bが発見されたとします。

そのAとBを比較して分析すれば、遺跡単体ではわからなかった新たな発見と、「1＋1」以上の深みのある情報を獲得することができます。こうした研究を繰り返して、考古学や古生物学は発展してきたわけです。

人の教養もこれと似ていないでしょうか。**知識のストック量が豊富でそれらのつな**

がりが保てている人は、知識Aを考える際に、脳内で遠く離れた知識Bも芋づる式につながって頭に浮かび、話すときもAとBをつなげた重層的な情報として口から発信することができます。

一見関係がなさそうでも、頭の中でそれらの知識がネットワークのようにつながっている人は、思考の幅が広い、教養のある人ということになります。

私は大学の授業でも、こういったことを学生たちに練習してもらっています。最初に誰かが言葉を発したら、次の人がそれを拾って、「～といえば～」とつなげていくゲーム感覚の授業です。考える時間は数秒しかありませんし、知識量や語彙《ごい》力が多くなければ的確なワードが出てきません。

このゲームの良いところは、一人だけの思考ではなく、複数の人の思考が新しいつながりを生むことです。自分だけでは想像もできなかったつながりが発見でき、それが思考をインスパイアして、その人の知の幅が大きく広がるわけです。

おもしろいつなげ方ができて「おぉ！」という気持ちになると、脳がドーパミンを放出してモチベーションがグッと上がります。ご家庭でもやってみてください。

習慣23 思い出せなくても粘って思い出す

「考える」という行為は脳の老化を防ぐといわれます。40歳から日常生活で考え続けることが自然になれば、60歳以降の思考習慣は安定したものになり、人生は大きく変わるはずです。結論から言うと、人の記憶は思い出すたびに強化されます。

一般的に脳は使っていないと記憶力が低下すると考えられています。たとえ認知症でないとしても、記憶力が生理的に低下しているという人は現実にたくさんいます。

友人などと雑談をしているときに「あの映画に出ていた俳優さんって誰だっけ？」と、名前がなかなか出てこないことはよくあります。とくに居酒屋などでほろ酔いのときはなおさらではないでしょうか。

すぐさま手元のスマホで調べて、正解を見つけてもいいのですが、ここはあえて己の記憶力だけを頼りに、参加している全員でゲームのように思い出す競争をしてみてもいいかもしれません。「勝った人は生ビール一杯貰える」でもいいでしょう。

脳をフル回転させて記憶の引き出しを必死でこじ開け続けているうちに、やがて誰かが「あの映画にも出ていた」「娘さんも芸能界にいる」といったように、新たな事実がヒントとして投入されてきます。それら断片化された情報を組みわせていくうちに、記憶の奥底に埋もれていた名前が突如として浮かび上がってくるかもしれません。

医学博士の川島《かわしま》隆《りゅう》太《た》先生によると、**人は思い出そうという努力を繰り返すうちに、脳内に残っている記憶のパーツを組み立てる作業が徐々に上達し、やがて思い出しやすい脳になっていく**そうです。思い出せなくても、思い出そうとする行為が大切だということなのです。

日本の高齢者は将棋を趣味とする人が多いですが、将棋というのは指している間は脳を猛烈に働かせます。さらに終わってからも対局を振り返る時間が続くので、考え続けることにつながります。

必要以上に「年寄り」と「物忘れ」をセットにして落ち込むことはもうやめにしましょう。スマホで〝ググる〟習慣も併用しながら、ときには自力で頑張って思い出して、「粘り脳」を鍛えてみてください。

習慣 24

「考えごと」と「思考」を区別する

「思考」し続ける意味について、少し見方を変えて考えてみたいと思います。

思考は「考えごと」とは違います。考えごととはぼーっとしている状態のことで、その効用については他のページでも触れたところですが、ここでは思考の重要性について触れておきましょう。

思考とは、たとえば「どうしたらこの商品が今より売れるのか」を具体的に考えることです。「明日、企画会議だなぁ」とぼんやり思っている状態が考えごとなら、「どんな企画を提案しようか」と答えを求めて頭を働かせている状態が思考です。

結局のところ、**この思考の差こそがほかの60歳との差にもつながります。できる人というのは常に考えている人のことなのです**。

成功しているアスリートは、先天的な才能だけでプレーをしているわけではありません。「どんなトレーニングをどのくらい行なえば、どの程度の向上がいつ頃までに見込めるか」ということを、データやエビデンスをもとに思考し続けているのです。

まさに寝ても覚めても考えを止めないこのような状態を、私はいい意味で「思考中毒」と名づけたことがあります。

解剖学者の養老孟司《ようろうたけし》さんは、著書『「他人」の壁』（名越康文《なこしやすふみ》さんとの共著、SBクリエイティブ）の中で、「違和感」を持ち続けることの大切さについて述べています。「なぜだろう」と思ったらそれを心にとどめておく、違和感をなくした途端に思考も止まるというのです。

「なぜだろう」という気持ちを抱えておけば、それがある日、ふとしたきっかけで予期せぬ答えとして出てくるときがある、それが学者としての達成感であるともおっしゃっています。そういう意味では、学者は「思考中毒」の典型といえそうです。

思考のポイントは、「違和感センサー」を働かせること。このセンサーが反応すれば、思考のスイッチが入ります。

40代、50代までに思考中毒の習慣を身につけ、来《きた》るべき60歳を目指したいものです。

習慣25

あえてカオスなことを言う

「カオス」とは「混沌」「無秩序」を意味することから、言葉そのものにいい印象を持たない人は多いかもしれません。ところが、独創的で豊かなアイデアというのは、じつはこのカオス抜きには語れないという一面もあるのです。

というのも、何か新しい発想が世の中に生まれるときというのは、極めて常識的な発想（秩序＝コスモス）と、極端で非常識的な発想（混沌＝カオス）とを、行ったり来たり往復した結果、その間にあるどこかで生まれることも多いのです。

メーカーの商品企画会議などで、同じ顔ぶれの社員がいつもの発想で意見を出し合っても、結局はどこかで見かけたような既視感の強い商品しか生まれません。

そこで、**現実的に考えれば実現性が低い突拍子もないアイデア（カオス）をあえて会議に投入してみると、それを揺り戻す形で新しい発想も生まれてきます**。その振れ幅が激しいほど、その振幅《しんぷく》のどこかに、光り輝くアイデアが見つかるのです。

実際、整いすぎている案というのは、予定調和で面白みが少ないものです。私もテレビ番組の企画会議などに呼んでいただいたときなどに、それを肌で感じることがあります。

コンプライアンス重視の風潮が強まる中、どうしても「コスモス」に寄りすぎた無難なプランに落ち着いてしまうことがよくあるのです。そういうときは、いったん全部をぶち壊し、更地からもう1回やり直すというのも1つの方法です。

ビートたけしさんと共演させていただいたときのエピソードです。

収録中に出演者のトークが淡々と進んで空気が穏やかになってくると、たけしさんは必ずといっていいほど「カオス」な言葉を放り込み、その場を一瞬で混沌とさせます。MCの方が慌ててそれを揺り戻し、ちょうどいい空気に整うということがよくあったのです。

このカオスとコスモス、混沌と秩序の間《ま》というのは、若い10代や20代には少し難しい感覚かもしれません。50歳くらいまでには思考の癖として身につけておきたい習慣の1つです。

習慣26

「好き」「得意」を決めつけない

誰でも得意分野を1つは持っているものですが、その「得意」や「好き」といった範囲を決めつけてしまうと、可能性を広げることの妨げになってしまいます。

そもそも上手でなければいけないというわけでもなく、楽しければやり続ければいいわけです。

そして、自分が何を好きなのか、何が向いているのかを発見できる時期というのが、50歳や60歳といったそれなりに年齢を重ねた時期であることも多いのです。

中間管理職になって心の余裕ができた40〜50代の時期、あるいは定年退職で趣味に時間を費やせる60代というのは、可能性を広げる機会としてはいいタイミングです。

美術館へ行くのが好きな人でも抽象画はさっぱり、という人もいるでしょう。しかし、観続けているうちに「おや……?」と、心が何かを感じるときが来るものです。

好き嫌いはさておき、この新しい感覚というのが人生を豊かにするために大事なの

です。要は、未知なるものに触れることに「慣れる」のです。

英語でジャズを歌う教室を開いている知人からこんな話を聞きました。「歌も英語も絶対無理！」と思っている中高年世代でも、最初はゆっくりと歌い、できなければ繰り返し、それを続ける。そうして慣れていくうちに、どの人もそれなりに歌うことができるようになるといいます。

その人が仮に60歳であれば、そこで得られた達成感や多幸感は、貴重な成功体験として70歳のステージへ向けた財産となります。

「ダンスなんて絶対無理！」と拒否している方も同じです。ダンスの教室に行ってみると、いろんな世代の方が楽しそうに踊っていますが、じつは中高年になって初めてやってみたという人もかなり多いのです。

慣れてしまえばたいていのことはでき、そして楽しむことができてしまう。それが人間の可能性というものなのでしょう。

人生というのは楽しんだ者勝ちです。自分の可能性の枠を先入観だけで決めつけることなく、機会を見つけて積極的に飛び込んでいく気持ちを持ちたいものです。

習慣27

「哲学」に触れてみる

知性と教養を支えるのは概念であり、概念とは物事に対する見方です。これが50代で確立している人は、60代になってもその概念を用いることで、どんな場面でも的確な判断を下すことができます。

正しい選択ができる人は自分も周囲も幸せにしますので、「あの人は知性と教養に富んだ大人だ」という高い社会的評価を受けることになります。

概念を育《はぐく》むことに役立つのが哲学です。哲学とは学問の一ジャンルというよりは、世の中のすべての学問の根源となるものです。

たとえば、「不条理とは何か」と問われても、日常生活であまり意識することがないこの言葉の意味を、的確に説明できる人はそう多くありません。

ところが、哲学を通して考えてみることで、実感しづらい概念も腹の底から理解できてしまいます。

フランツ・カフカは、人間を取り巻く不条理を追究する哲学「実存主義」の文学作品を多く残しました。彼が書いた『変身』『城』などを読むと、「不条理というのはこういうことか」と皮膚感覚で理解できます。「人の存在と不条理とは何でしょうか」と聞かれたら、私などは「カフカやカミュを読みなさい」と勧めています。

哲学を通して概念を肌身で知っておき、ものの見方として身につけておくと、これがその後の人生における知性の武器になります。誰かに相談をされたときに、上《うわ》っ面《つら》の表面的なアイデアではなく、哲学に裏付けされた立体的な助言ができるようになるはずです。概念の1つひとつが私たちの心を豊かにし、人生の厚みを増してくれるのです。

ドラッカーはマネジメントに関する概念をいくつも提唱しました。よく耳にする「顧客」という言葉も、「企業の目的は顧客を創造することである」という彼の唱えた概念の1つです。「顧客とは誰か」「自分にとっての顧客とは」という形で掘り下げていくと、物事の本質が今まで以上に見えてきます。

哲学については、第4章でも触れたいと思います。

習慣28 「すごい！」という感動を持ち続ける

感動は脳の若さを保ちます。「楽しい！　すごい！」と感じているとき、あるいは新しい何かに挑戦をして心が躍っているとき、脳は血流量を増やし、ドーパミンを放出してその働きを高めます。

実際、アスリートの素晴らしいプレーや、美しい４Ｋ映像などを観て感動しているとき、心の底から若返っているような心地よい気分になるものです。深い感動と新鮮な喜びが心のアンチエイジングにつながります。

この「スゴイ！」という心の躍動を、意識して自分で起こしてみるという方法があります。あえて能動的に「これはスゴイことなんだ」と自らに思い込ませ、脳を喜ばせてあげるのです。雨上がりに散歩をしていて、草の影に小さな蛙《かえる》を見つけたら、「こんなとこに蛙がいる！」「なんて逞《たくま》しい！」「なんてかわいらしい！」と意図的に感動を自己演出してみるのです。

感情表現が豊かな中高年は、周囲にも魅力的に映ります。一方、感受性が強いということは、生活の中で喜びを見つける機会も増えるということです。

感動は知性とも結びついています。普段から見慣れてしまっていることが、じつは素晴らしいことであると感じさせる力は、知識であり知性です。知性がなければ、その事象のどこが他と違うのか、どこが特別でなぜ多くの人が称《たた》えるのかを理解することはできません。

絵画鑑賞はシンプルに絵を観て感動するだけでもいいかもしれません。しかし、作品の背景にある物語を知識として知っておけば、得られる感動は何倍にも膨らみます。お城や社寺などの歴史的な建造物についても同じことがいえるでしょう。

近所の神社で見かけていた古い大木が、じつは樹齢が300年を超えていて、江戸時代から同じ場所で人々の暮らしを見守り続けてきた——そう考えれば、誰もが心を揺さぶられるでしょう。

人の感受性は加齢とともに低下するといわれています。そこを意思の力で「すごい!」と思うように心がけ、己を鼓舞しながら脳を元気に保っていただきたいと思います。

習慣 29

最低限の論理性を身につける

頭の中で考えていることを、さまざまな形で人に伝え、相手からも受け取るという行為を私たちは日常的に繰り返しています。

その際に求められることが「わかりやすさ」であり、「論理性」です。友人と居酒屋で雑談をしているときであれば別ですが、商談のような場ではとくに論理性の高い会話が求められ、相手にも求めることになります。

相手の話を聞かずに自分のことばかり話し、しかもそれが長いだけで要領を得ないという高齢者をたまに見かけます。そういう人は論理的な思考を構築する準備を、40代、50代のときに怠ってきた人なのでしょう。

実際、人間にはいろいろな思考のタイプがあるのも事実で、論理的でなくても直感力があり、発想力が豊かだという天才タイプの人も中にいます。

私自身の体験で言えば、過去にこんなことがありました。あるテレビ番組のプロデューサーで、いつも大変ユニークなアイデアを持っているのですが、ものごとを論理的に説明するのが苦手という方がいました。

その方の場合、長年タッグを組んでいた同僚のプロデューサーが、通訳のように企画意図を説明してくれるのです。そのおかげで、私たちは彼の豊かなアイデアを共有できたということがありました。

プロのアスリートでも、記者の質問に論理的でわかりやすい答えを返すことが苦手ながら、直感でものごとを捉えてプレーに生かし、それで選手として成功している人もいます。

とはいえ、一般社会で暮らしている以上、やはり最低限の論理性は身につけて、円滑なコミュニケーションを図るための意識は持つべきです。

理想としては、先述のプロデューサーのように2人1組ではなく、自分1人で「論理」と「直感」両方の思考ができるようにしておくことです。

経験や知識の積み重ねで直感力を鍛え、それを論理で理解・説明する習慣を、遅くとも40代から50代で意識するといいでしょう。

習慣
30

論理と直感のバランスを知る

論理的に考えるということは、言語化しにくい直感を言葉で整理して理解するということです。ここで大事なのはバランスです。論理性に偏《かたよ》りすぎた思考というのは、いわゆる官僚的な答弁のように理路整然として辻褄《つじつま》は合っていても、そこからクリエイティブな案は生まれにくいでしょう。

一方で、直感だけに偏った思考というのも困りもので、自分だけが感覚的に捉えているだけで、論理的な裏づけがそこにはありません。人は論理と直感をバランスよく持つことが理想で、どちらに偏りすぎてもうまくいきません。

さらに本質か、非本質かでも分かれます。いくら論理的に矛盾していなくても、内容が本質からずれていれば意味をなしません。本質的かどうかは、的を射ているかどうかということです。

たとえば、あなたが会社をリタイア後、町内の行事に参加をするようになり、お祭りの進行について話し合っているとします。その中で、突然「日本の祭りの歴史というのはね……」と長々と論じ始めてしまったら、その話の内容がいかに論理的に構成されていても、会議の本質からは相当ずれているということになります。「何の話をしているんですか？」「話をもとに（本質に）戻しましょうよ」と言われることになるでしょう。

イメージとしては、横軸を「論理⇕非論理」、縦軸を「本質⇕非本質」と四分割し、右上の「論理的かつ本質的」なゾーンを目指します。**バランス的には右手で論理を、左手で直感をちょうどいい塩梅《あんばい》で摑むような思考が理想といえます**。

ちなみに、「論理的かつ本質的」な思考が自然にでき、バランスも絶妙にとれていたといわれる1人が、政治家の田中角栄《たなかかくえい》でしょう。

ダミ声で感覚的なようで、じつは話が論理的に構成されている。根拠となるエビデンスも数字として織り交ぜているため説得力があり、全体として本質を捉えている。当意即妙《とういそくみよう》にユーモアで場をなごませる直感力もある。ゆえに聴衆は心をわし摑みにされたのです。

習慣31

「フォーカシング」で心の乱れと向き合う

言語化しにくい心の奥に隠れている気持ちを明瞭にしていく方法は、「フォーカシング」と呼ばれる心理療法としても知られています。

臨床心理学者で哲学者でもあったユージン・ジェンドリン博士が明らかにしたもので、形になっていない心象に言葉を付し、正体を明らかにすることで、心身の回復効果を図るという臨床方法です。

摑みにくい「もやっとした」感覚を、心の中から取り出しやすいように、言葉という取っ手を付けて拾い出し、不安の正体を知るのです。

たとえば、もやもやの根源が自分の中のちっぽけな嫉妬心であったことがわかれば、それを踏まえて自分のペースを取り戻し、心を平らかにして次の一歩を踏み出すことができます。

座禅との違いがあるとすれば、座禅が邪念を消して無我に至る瞑想行為であるのに対し、フォーカシングは我《が》（心の乱れ）と向き合うことだといえるでしょう。

今まで言語化できていなかった感覚に触れる作業というのは、人生経験が豊かで語彙力も多く、視野も広い中高年のほうが、若い世代よりは得意かもしれません。ちなみに私事ですが、じつは20代のときにフォーカシングの本を読んで感銘を受け、ジェンドリン先生に手紙を書いたこともあります。

日々の暮らしにフォーカシングを取り入れると、モヤモヤした気持ちのまま焦って突き進むことをやめ、立ち止まって心を落ち着かせる習慣が身につきます。

モヤモヤの正体を見つけるには、読書はかなり有効です。名著と呼ばれる本や古典には、人生のすべてが凝縮されていますので、読んでいるうちに「これは今の自分だ」「モヤモヤの正体はこれかもしれない」と気づく瞬間がきっとあります。

また、日常の雑談の中からも突然ピンとくる時間は生まれるものです。普段の何気ないコミュニケーションから得られるものは意外に多いのです。

不安感をその都度リセットすることが習慣化できれば、60歳からの心も平穏に保つことができるでしょう。

習慣32

「システムシンキング」を身につける

一般に、知識と経験が豊富な60歳は全体像を見渡して判断する力に長《た》けています。若い世代は強い情熱を持て余しているせいか、中には「これしかない」と思い込んでしまう人もいます。これは視野の狭さです。

じつは私も高校時代、吉川英治《よしかわえいじ》の『宮本武蔵《みやもとむさし》』を読破してモロに影響を受け、「自分も武蔵になる！」と決意したことがあります。

さらに武蔵がお通《つう》さんに想いを抱きつつも、剣を極める孤独でストイックな人生を選んだように、「自分も女子とつきあわない！」という謎の決意を——。これも若さゆえの視野の狭さといえましょう。

視野が広い人は常に事象を大局的に俯瞰し、そこから答えを導き出す習慣が身についています。全体を摑んでから細部に入る。たとえば水や空気、動物、植物を個々に見るより、まず先に生態系全体から捉え、その中にある要因としてそれぞれを見ます。

これにより、複雑にからまった要因と要因の因果関係を理解し、本質的かつ根源的な道筋や答えを導き出すことができるのです。

このような大局的な思考を「システムシンキング」といい、これを身につけた1人が渋沢栄一です。渋沢は幕末に使節団の一員として欧州各国を視察し、その先進性に感銘を受けるのですが、彼が傑物たるゆえんはその着眼点にありました。

随行した他の幕臣が、橋や街並みなどのいわば「点」を「美しい!」と感動していた中で、渋沢は欧州全体を大局から捉えていたのです。

当時まだ日本に存在しなかった銀行や株式会社といったものの仕組みを「システム」として理解し、それこそが列強各国に追い付くために必要な社会構造であることに気づきました。

重要なのは、他の幕臣らも同じ場所で同じものを見たにもかかわらず、得た智慧は違っていたということです。

大局的な視点を持つ人とそうでない人では、同じ空間にいても気づくことが違うのです。これが60歳以降の人生の差につながるということです。

習慣33

本質は何かを考える

一般に、頭がいい人というのは本質を突く力があります。問題をグランドデザインという大枠から捉えたうえで、その中にある本質が何かを理解できるのです。

本質からずれている人は、時間と労力を費やしても成長につなげられません。スポーツ選手が間違った練習方法を続けていても技術が向上しないのと同じです。

宮本武蔵は『五輪書《ごりんのしょ》』の中で、剣の究極を「ただ斬ること」と書いています。太刀を受けたり払ったりする行為も、すべて「斬る」ためと心得よと言っているのです。

この真髄がわかっていないと、受けたり払ったりに意識を持っていかれ、「切事不足なるべし」、すなわち「斬る」が疎《おろそ》かになってしまうと言っているのです。

王貞治《おうさだはる》さんは栗山英樹《くりやまひでき》さんとの対談の中で、打撃の真髄について「とにかくボールにバットを正しく当てること」と述べていました。本質はそこに尽きる、それができれば打球は勝手に飛んでいき、フェンスを越えるのだというのです。

私たちが日常取り組んだりしている物事も、突きつめればシンプルで単純な一点に還元できます。

さらにいえば、私たちが自分の一生を俯瞰して捉え、その中で「これさえ続けられれば本望だ」と思えるものがあるなら、それが人生の真髄であり、本質を見つけられたということになります。

あれもこれもと気を取られ、何が自分の人生に大事かがわからなくなる状態は、武蔵流に言えば「切事不足なるべし」ということになります。

私は浜田《はまだ》省吾《しょうご》さんというアーティストが大好きで、カラオケでもよく歌わせていただくのですが、これは浜田さんの音楽の本質に心が揺さぶられているからでしょう。

また、ある人は「ハマショーこそロックの本質だ」と熱く語っています。これはロックというジャンル全体における浜田さんの存在こそが本質であるという見方です。

大事なことは、何に取り組むにも「これの本質は何か」を意識する癖をつけること。それができれば何においても理解するのは早いですし、人生も豊かになっていくはずです。

習慣34

未知のものに触れる

NHKの『世界はほしいモノにあふれてる』という海外紀行番組がありますが、観ていると世の中には素晴らしいものがたくさんあることを実感します。

番組では、その街にしかない魅力あるモノを紹介しつつ、その国や地域の暮らしや文化までを合わせて伝えてくれます。すると、モノへの関心だけでなく、その国や地域全体が面白いという気持ちになってくるのです。

この感覚さえ持っていれば、人生を楽しめない人は減るはずです。知らない喜びがたくさんあるのに、知らずして落ち込んでいるのは、若い世代より余生が限られた60歳以降の人たちにとって、もったいない人生の過ごし方です。

私は永井龍雲《ながいりゅううん》さんという歌手が若い頃から大好きで、静岡から上京したときにアパートで『つまさき坂』という歌をよく聴いたものです。

最近、ある若者がその歌を聴き、「こんなに良い歌は人生で初めて。音楽の趣味も変わってしまった」と言うのです。今まで知らなかった未知のことが、人の生活習慣を変えることがあるわけです。

未知に触れる体験が将来を創造するという発想は、なにも若い人だけに向けたメッセージではなく、中高年世代にも等しく通じるものです。

大切なことは、面白そうなものにまずは食いつくこと。人気ドラマなども「今さら途中から……」と敬遠してしまう人がいますが、今は動画配信サービスなどもあることですし、とりあえず観てみて得をするのは自分ですから。

あるいは、他人の関心に便乗してみるのも1つの方法でしょう。定食屋で隣の人のオーダーを真似して、自分も同じ料理を注文してみるような感覚です。

人気があるということは何か光るものがあるはず。行列ができているなら消費者の関心を集める何かがそこにあるはずです。そのうえで、結果として自分に合わなければやめて次へ移ればいいだけの話なのです。

知らなかった楽しいことに出会うためには、マインドは常にオープンに、心の門戸を開放しながら、毎日の可能性を拡げていくことが大事です。

習慣35

偉人の言葉を自分の体験とリンクさせる

偉人が残した円熟味のある言葉には、流行に流されない普遍的な力が宿っています。重要なことは、それらがその人たちの体験から生まれた言葉であるということです。

江戸時代の本草《ほんぞう》学者・貝原益軒《かいばらえきけん》は、「わかき時より、月日の早き事、十ばいなれば、一日を十日とし、十日を百日とし、一月を一年とし、喜楽して、あだに日をくらすべからず。つねに時日をおしむべし」という言葉を残しました。

これは、「老後の時間を無為に過ごすな」ということなのですが、実際に貝原は酒を愛し、若い妻をめとり、病に苦しみながらも老後の月日を彼なりに愉《たの》しみました。平均寿命が50歳未満という時代に84歳まで生きたのです。偉人が実体験から絞り出す言葉には、このうえなく説得力があるものなのです。

「肝に銘じる」とは、ものごとを深く心に刻み込むことです。言葉を魂として響かせ、心に染み込ませるには、ただ情報として記憶するだけでは不十分です。**本当の意味で言葉を理解し、自分のものにし、これからの人生に役立てるには、自分の実体験と重ね合わせて感受することが大事です。**言葉を自分に引き付けて覚える、といってもいいでしょう。

気になった言葉があれば、過去の体験や今の自分と重ねてみて、たとえば60歳を迎える今の自分が、貝原のように「つねに時日をおしむべし」と思いながら実践的に生きているかを自問してみるのです。

孔子は「これを知る者はこれを好む者に如かず。これを好む者はこれを楽しむ者に如かず」と言いました。知識があってもそれが好きな人にはかなわない、好きな人でもそれを楽しんでいる人にはかなわないという有名な言葉です。

翻って、今の自分は仕事を好きなのか、楽しそうに仕事をしているあの同僚と比べてどうなのかと考えたとき、初めてそこで「なるほどこういうことか」と腹落ちして理解できるのです。偉人の言葉は情報ではなく言霊です。その意味を自身の体験から理解して、心に刻む習慣を身につけていきましょう。

習慣36

「自画自賛力」を磨く

シェイクスピアのリア王の如き傲慢《ごうまん》な高齢者は論外ですが、謙遜がすぎて卑屈な60歳というのも考えものです。年老いて自己否定が強すぎる人は、傍目《はため》からもちょっと惨《みじ》めに見えてしまいます。

自己を否定しすぎるということには、自分に安易に妥協できない完璧主義者という側面がある人もいます。一方、ただ単に性格が天邪鬼《あまのじゃく》だったり、謙虚で良い人として見られたかったり、最悪の場合は拗《す》ねて誰かに気にしてもらいたいという、〝かまってちゃん〟というかなり面倒なケースもあるようです。

性格的にどうしても自分を卑下したり、否定したりしがちな人に試していただきたいのは、思い切って自分を褒《ほ》めまくってみることです。誰にも必ずあるストロングポイントを見つけて、自己受容してあげるのです。

これを私の講義では、まず4人1組になって、その中のAさんに15秒で自画自賛してもらい、その後に別の3人が追随してAさんを順番に褒めていきます。次に、B、C、Dと回し、全員が賞賛の言葉を浴びることになります。

もちろん、この「賞賛」が授業の一環であることは全員が理解しています。それでも、中には芯を食った褒め言葉が含まれていたりしますし、終わってみると皆自己肯定感が爆上がりするという結果になるのです。脳への「思い込ませ」はあなどれないということです。

あまりに自分を未熟だと言い続けていると、最初は謙遜のつもりでも、そのうち本当に「自分はダメだ」と思い込んでしまいがちです。

50歳や60歳になったら、むしろ自分で自分を褒める「自画自賛力」を押し出し、自らを鼓舞して心を活性化してほしいのです。**決して優越感に浸《ひた》ってナルシシズムに走るのではなく、自分の中の価値を見つけてそれを認め、強い自信へとつなげることが大事です。**

他人から褒めてもらわなくても、自分で自身を評価し、自己完結する形で己を保てる60歳が理想といえるでしょう。

習慣37

「知のキャッチボール」を繰り返す

頭がいいといわれる人は、身の回りの情報を正確に効率よく取り入れて、それを正しく伝えることに長けています。

誰かと会話をしているときでも、相手から届いた会話を情報として整理し、要約してまた相手に返す、いわば「知のキャッチボール」をうまく続けられます。

一般にキャッチボールの基本は、来た球をしっかりと捕球し、相手が捕りやすい胸元へ捕りやすいスピードで投げ返してあげることです。

投げる際の腕のトップの位置や握り方、球をリリースする際の指の力も非常に大事ですし、山なりで返すか直球で返すかなど、一球ごとの球筋でその人の実力もわかります。いわば野球のあらゆる要素がこのキャッチボールに凝縮されているといっても過言ではありません。

これを会話でもできると、相手はストレスを感じることなく、捕球しやすい（わかりやすい）球を受け取りながら、知のキャッチボールを続けられます。
60歳までに「技」としてこれを習得できていれば、還暦後の人間関係はかなりスムーズなものとなります。

相手にとっても、投げた球（会話）をポロポロこぼされたり、捕れないとんでもない球ばかり投げ返されたら、「もう二度とこの人とは話したくない」ということになるはずです。

頭のいい60代の会話は、練習でキャッチボールが上達するように、若いうちから会話の大切さを理解しながら、基本技術を身につけることで可能になります。

要点をまとめて内容を絞り込み、相手が理解しやすい言葉を選びながら、できるだけ手短に話すことを心がける。反応を見て理解できているかも判断し、その感想も聞いてあげられれば、それはじつに理想的な知のキャッチボールということができるでしょう。

読書や芸術鑑賞、豊富な人生経験がその技を育みますし、やはり50代までには身につけておきたい習慣です。

習慣38

違和感を持つ

かつて「オレオレ詐欺」と呼ばれた「特殊詐欺」の被害が、増える一方だそうです。2022年の特殊詐欺の認知件数は約1万8000件で、被害額は約370億円に達しました（警察庁のホームページより）。「自分だけは大丈夫」と思っている高齢者ほど騙《だま》されやすいといいます。60歳を迎える人たちは他人事《ひとごと》ではありません。

詐欺に騙される人の声でよく聞くのが、「はじめは変だとは思ったんだけど」というものです。せっかく違和感というセンサーが働いたのに、踏みとどまれなかった、立ち止まって頭を冷やせなかったというのは、流されてしまったということです。「あの人は論理的だ」と言われている知識人でも、感覚が鈍っていると「違和感センサー」が働かず、いつしか空気に流されてしまうものです。

ビルの一室で会議をしていて非常ベルが鳴ったのに、周りが逃げないでいるのを見て「ベルの故障かな」と決めつけてしまい（正常性バイアス）、煙が出ているのにまだ会議を続けていたというようなこともあったそうです。

「あれ？」「なんだろう？」「何か引っかかるぞ？」という感覚を研ぎ澄まし、スルーして放置せずに、しっかりと摑む心の握力が必要です。この「気づく力」がないと、情報をなんでも鵜呑《うの》みにしてしまいます。

たとえば、何か資料をつくるときにエビデンスを添付するのは基本ですが、ネットで調べたデータを、違和感も持たずにノーチェックでそのまま使ってしまう人は、少なからずいるものです。

もっともらしい数値だけれど出典がない。さらに調べると他の複数のサイトでも数値が使われている。どうやら1つの不確かなデータをさまざまなサイトが精査することなく引用し、自分が検索してヒットしたのはその中の1つだった、ということがよくあるのです。

「変だな」と感じながら、「まぁ、いいか」で済ませてしまうことは危険です。リスクを察知して回避するのも、新しいアイデアを生み出すのも、すべては気づきや違和感からなのです。

習慣39

理数的な思考を取り入れる

いわゆる「文系」といわれる中高年世代の多くは、高校を卒業するときに「もう一生、数学を勉強しなくて済む！」と喜んだのではないでしょうか。しかし、世の中には数学的な考え方で解決したり、理解が進んだりすることがたくさんあります。

数学の世界は、白か黒かがハッキリした世界ですので、この感性が強い人は、どんな命題にも明瞭な答えを求めます。「転職すべきか」という、文系も理系も関係ないはずの問題で悩む場合も、一番の懸案が何でいくつ選択肢があるのか、可能性がいくつ残されているのかなどを、曖昧にせずに判定する思考習慣がついています。これは論理性や合理性が高いという見方もできます。

この科学的な正確性に似た白黒ハッキリ型の考え方を文系の人も習慣化してみると、曖昧さが排除され、すっきりとした思考ができるようになります。これを助けるのが、高校時代までに学んだ理数的な思考です。

たとえば、川底に溜まった砂を専用の道具で掬《すく》って水で洗い流すと、比重の重い砂金だけが残りますが、同じように高校で学んだ数学的な思考の中で、〝比重の重い〟ものが、50歳や60歳になっても少しは残っているということです。

科学者のアインシュタインは、「教育とは学校で習ったことをすべて忘れたあとに残っているところのものである」と言っています。

文系の人でも、この〝比重の重い〟数学的な思考の砂金が多めに残っている人もいますので、そういう人はバリバリの文系タイプの人とはまた少し違った思考になるかもしれません。

文系タイプの人が40歳から理数的な概念で思考できるようになると、60歳までには「最短距離」の答えを見つけるのが苦にならなくなってきます。人生からすべての無駄をなくせとは言いませんが、合理性でいえば最短で最大の結果を求めるのが正解のはずです。

文系の大人向けの「学びなおし算数ドリル」のような本も出ていますので、パズル感覚で手に取って、時間の空いたときにでもトライしてみてはいかがでしょう。

習慣 40

「弁護士脳」のススメ

理数系の思考を取り入れるのと似た考え方で「弁護士脳」という思考法があります。「直感や閃《ひらめ》き」を「論理」に置き換えるのです。

キラリと光った直感を言語化する行為は、言い換えれば感情の代理人のような作業を自分でするということ。自分が自分の弁護を引き受けるわけです。

トラブルに巻き込まれて興奮状態になり、考えをうまく整理できない依頼人に代わり、客観的視点で問題を整理し、理路整然と交渉をしてくれるのが弁護人です。実際、そういう思考を若いうちから無意識でしている人は、世の中にけっこういます。

私は大学時代に法学部で学んだのですが、法学部というところは、弁護士的な考え方を普段からしている学生が集まる場所でした。若くて元気なので、酒でも飲んで議論が始まると止まらなくなるのですが、最低限の論理性を維持して、支離滅裂《しりめつれつ》になる者はいませんでした。また、感覚だけに依存して「何だかわからんが、もうこのくらいでいいよ」とあやふやな着地点で納得する人も見かけませんでした。つまり彼らは、学生時代の段階で弁護士的な思考がある程度は身についていたということです。弁護士のように話す人は、言葉を自在に扱えます。それゆえ、『あしたのジョー』の最終回のように、議論を終えると互いが完全燃焼でき、伝えきれない意識の燃えカスが頭に残ったりしません。よく聞く「言いたいことが言えなかった」ということにならないのです。

ここでポイントとなるのは、「第三者の視点での思考」です。第三者の目で自分を見るには具体性と客観性が伴わねばなりません。それこそが論理的思考の基本です。

プレゼンの場でこの視点が欠けていると、自分目線の主張で終わってしまいます。あるのは熱意だけで裏づけとなる根拠も希薄、ゆえに具体性が無い。これでは単なる「自己表現」です。

頭の中のモヤモヤを秩序立てて理解する「弁護士的な思考」を取り入れると、文系・理系にかかわらず、秩序だった考え方が習慣として身につきます。数理思考とともに知っておいてほしいと思います。

第3章

情報を味方につける習慣

習慣41

「結論を先」「5秒」で伝える

いわゆる論理的な人は、論点をまとめて短時間で伝えることを苦にすることがありません。私は大学の授業で、学生に「5秒での説明」をよく練習してもらいます。5秒なんてあっという間と思うかもしれませんが、普段の会話でも5秒というのは、じつはけっこう長い時間なのです。

テレビ番組では沈黙が1～2秒続くだけでかなりの違和感が生まれますし、実際のところ、司会の方は普段から5秒で山ほどの情報を伝えています。

5秒ルールの練習を大学の授業で学生にしてもらうと、「結論を先に言えるようになりました」という感想が多くの学生から返ってきます。「もたもた話す」「話に着地点がない」という人が、教室に1人もいなくなるのです。

この「5秒」という制限を、お題によって「15秒」や「1分」に変えてもいいでしょう。15秒というとテレビのCM1本分で、制作会社の方によれば7～13カットが入る長さだそうです。どれだけ十分な時間かが実感できると思います。

「最近観た映画の感想を1分で説明して」と言われたら、あれもこれも伝えようとせず、ストーリー展開でとくに重要と感じた肝となるワードを3つ程度選び、これを軸にしてプレゼンをすると、どんな作品でもそれなりにまとまります。

その際も結論を早い段階で伝え、それを補完する形で説明を足していくのがいいでしょう。

ラーメンの食レポであれば「うん、おいしい！」と最初に結論を伝え、「麺のコシが」「スープの出汁《だし》も」「トッピングのチャーシューが」、と5秒でまとまります。

この習慣は、私が教えている学生のように20代のうちに覚えるのが理想ですが、40～50代からでも遅くありません。練習してみると意外にできるものです。

脳機能の視点でも、人はアウトプットで目的を達成すると、ドーパミンが放出されて報酬系の回路が鍛えられ、ひいては記憶力の向上も期待できるそうです。説明が上手な人は自分の脳も喜ばせることができるということです。

習慣42

3つのキーワードで説明する

頭の中の考えを人に伝える行為は、誰もが日常的に行なっていることではありますが、それが苦手という人もたくさんいます。

「言葉は翼を持つが思うところには飛ばない」と言ったのは詩人のジョージ・エリオットですが、実際に世の中のほとんどの人は、説明がそれほど得意ではないのです。

そこで私がお勧めしたいのが、「3つのキーワード」に要約するという方法です。話の中で肝となる部分を3つ選び、それを元に1分で説明できればベストです。この方法を40歳から習慣として取り入れていくと、50代、60代には相手の心に残るようなアウトプットが自然と実践できるようになるでしょう。

説明とは、川をともに渡るようなもの。聞く側が渡って来られないなら踏み台となる石を用意してあげる必要があります。

言うなれば「3つの踏み石（キーワード）」を置いて、そこを踏ませるように順を追って説明してあげるというイメージです。

この「3」というのは、論理の世界では絶妙な数字です。フランス革命も「民主主義」とワンワードで言うよりも、「自由・平等・友愛」と言ったほうがしっくりきます。

まずは全体像を把握し、そこにある肝を選び出すことが苦にならないようになると、システムシンキング的な思考が定着し、論理的な力も養われていきます。

たとえば、「桃太郎」というテーマをお題にしたとします。その場合、「大きな桃」「動物の家来」「鬼が島」といったキーワードを相手に自由に抽出させ、選んだ言葉の視点で物語を説明してもらいます。言葉選びが最適でないと説明も難しくなります。

3つのワードを的確に選べる人は、テーマの何が重要であるかを自分の視点で理解できているということ。自分の視点を持っている人は、すなわち論理的な思考ができる人です。

テーマ全体を3つの視点でギュッと捉える「思考の握力」が身につき、どんな課題でも三脚でがっしりと捉えるような思考習慣が身につきます。

習慣43

「制限感覚」を身につける

30秒や1分という短い時間で滞《とどこお》りなく説明ができる人は、時間を感覚として身体に染み込ませて理解できており、時間制限を基本的にマイナスと捉えません。

文字数や時間枠というのは、適度な制限があったほうが伝わりやすいということもあり、それを頭で理解できているのです。

SNSの「X」(旧Twitter)は140字という字数制限がありますが、十数年前に日本に定着しはじめた頃は、この文字数を少なすぎると感じた人が多かったようです。しかし、今はほとんどのユーザーがこの制限を当然のことと受け止めています。

これは、使い続けるという実践を重ねたことで、各ユーザーが文字制限を習慣として身につけ、楽しんで使えるようになったということです。

私の授業で、学生たちが5秒間や1分間という時間枠の制限内にノーストレスで話せているのと同じです。彼らは文字数と時間感覚を習慣として身につけたのです。

俳句は「五七五」という限られた文字数の中に、溢れんばかりの感情や自然の美しさが、研ぎ澄まされた言葉で凝縮されているから美しさが際立ちます。

達人の句を輝かせているのは、完成された「言葉の吟味」です。私たちが趣味で俳句をつくる際にも、言葉を吟味するセンスが求められますし、1分でテーマを説明する際にも、どのキーワードで説明するかのセンスが問われます。

そう考えれば、芸術というものが日常の生活で得る感覚と地続きにあること、そしてそれこそが人生を豊かにしてくれるということが、ここからもわかります。

このように、制限を感覚として身につけていないと、着地点が不明な話をいつまでもだらだらとしてしまいがちです。

制限の感覚さえあれば「さっきの自分のスピーチ長かったな」と気づくことができ、次はアップデートして上達しているはずです。

今のあなたが仮に「伝え上手」でなかったとしても、これを機会に「制限感覚」を身につける大事さを意識するだけで、話し方はきっと上達するはずです。

習慣44

ストップウォッチを常用する

5秒間や1分間で話す思考習慣を身につけると、私たちは誰もが時間という枠の中で生きていることを実感させられます。

大切なのは、自分の話で相手の時間を必要以上に奪わないということです。それには論点をまとめて手短に伝えなければなりません。

長い時間をかけないと話ができない人は、相手の時間を「浪費」していることに気づく必要があります。

ドラッカーは、「時間こそもっとも稀少《きしょう》で価値のある資源である」と言っています。

ローマ時代の哲学者・セネカは、「英知のために時間を使う人だけが閑暇《かんか》の人である」との言葉を残しています。

論理的でわかりやすい話とは社会生活におけるマナーであり、優しさなのです。

私はテレビ局の方から「番組趣旨のご説明で1時間よろしいですか」と聞かれたと

きは、必ず企画書をメールで送ってもらうようにお願いしています。そうすることで自分と相手の1時間を浪費せずに済むからです。

時間感覚というのは大人になってから慌てて取り入れるのではなく、本来であれば小学生くらいのうちから授業に取り入れるべきだと私は思っています。

その効果的な方法としてお勧めするのが、ストップウォッチの常用です。15秒で話す練習をする際も必ず片手に持ち、時間の感覚を脳と体に覚えさせるのです。

壁時計の秒針ではなく、ストップウォッチを手で握りながら「カチッ」と押すことに大きな意味があります。この動作によって適度な緊張感と集中力が生まれ、思考も引き締まり、結果的に習慣として身につくのです。

このストップウォッチ方式を、私はかれこれ20年以上言い続けているのですが、まだ取り入れてくれない方がいるのは少し残念です。

ストップウォッチは安いものなら1000円以下で買えます。40歳、50歳でこの習慣が「まだ」という方は、今日にでも入手して試してみてください。60歳になったときに「やっておいてよかった」と確信できるはずです。

習慣45

「フォーマット思考」を身につける

頭の中で要点をまとめるのが苦手だという人には、紙に書き出して整理していく方法を試してほしいと思います。要は架空の「企画書」をつくってみるということです。

もちろん、会社の企画会議で使われるような厳密なものである必要はありません。頭の中のもやっとした考えを紙に書いて「見える化」し、そこから段々に整理していくことが目的です。

とはいえ、まっさらな無地の紙にいきなり要点を整理して書けるくらいなら、最初から頭の中だけで構成できています。だからこその「企画書」というわけです。

様式はなんでもいいので、たとえばインターネットで「企画書　フォーマット」と検索すれば定型的なものがたくさん出てきます。

一般的には①件名（そもそも何の話なのか）、②現状（何が起きているのか）、③課題（問題点は何か）、④企画・案（何をすべきか）、⑤効果（期待と懸案）といったポイントが表になっています。その様式に思っていることを書き込んでいくのです。

最初のうちはうまくいかないもので、そもそも問題の本質が何かを理解していなければ、「件名」で早くも迷ってしまうかもしれません。とはいえ、これは会社の業務ではないので間違っても全然かまいません。とにかく書いて、目で見ることです。

慣れてきたら様式をもう少し細分化して、「誰が対象か」「コスト（手間や労力）はどのくらいか」「過去の類似案件は」といったように項目を増やしてもいいでしょう。

このように、**頭の中の直感をフォーマットに落とし込む方法に慣れていくと、ものごとを俯瞰したり、問題を構造的に整理したりすることが苦痛でなくなります。**

やがて頭の中に思考のフォーマットが浮かぶようにもなり、書かなくても脳内で企画書をつくれる「フォーマット思考」が身についてきます。すると、既にご紹介した「システムシンキング」も我がものになっていくはずです。

じつは私自身も学生時代から習慣化しており、これが今の私のモノの考え方を随分と助けてくれていると実感しています。ぜひお試しいただきたいと思います。

習慣46

「マッピング・コミュニケーション」を使う

頭の中のモヤモヤを紙に書き出してみるというのは、子どもが絵を描くのと似ていてそれ自体が楽しい作業です。にもかかわらず、実際に生活に取り入れている大人が少ないのはもったいないことです。

私は編集者の方と書籍の内容を相談するときなどに、紙を置いてそこにペンでいろいろと書きながら進めていくということをよくしています。

たとえば、「今回のテーマはどんな感じで」「タイトルだけ先に決めちゃおうか」「こんなのは」「あんなのは」と、思いつくままどんどん書いていき、その文字や絵を目で見ながら話を続けるのです。すると、お互いのアイデアが可視化されて整理されていきます。

文字だけでなく、丸や矢印なども使い、図で相関関係などを示すのもいいでしょう。さらに、相手がいなくても、自分1人で考えごとをするときでも使えます。

テレビの情報番組などでは、テーマをパネルやフリップボードにしてわかりやすく説明してくれますが、この超簡易版と考えればわかりやすいでしょうか。私はこれを高校生の頃から何十年も続けていて、勝手に「マッピング・コミュニケーション」と名づけて人にも勧めています。実際、知の整理方法としてはある意味、最強であるとさえ思っています。

頭の整理とは心の整理です。心が乱れていると頭は冷静に働きません。ではどうすれば頭は整理されるのか。その1つがこのように紙に書いてみる方法なのです。

あまり難しく考えずに、たとえば問題点をA、B、Cの3つに箇条書きにしてみるだけでも、書く前とあとでは驚くほど頭がすっきりしていることがわかります。

人の脳というのはアイデアが次々に生まれて、思考が川のように流れていきますので、そこに頭を追いつかせるのが大変です。ところが、**紙に書くと思考が紙上に記録されて残ることになります**。**つまりは、いったん整理できたということです**。

これができてくると、話の堂々めぐりや、論点からズレた会話の進行といったことがなくなります。ひいては論理的な会話の習慣が自然と身につくのです。

習慣47

会話で「エビデンス」をセットに

年を重ねた頑固なおじさんは、同じことを繰り返したり、偏見に満ちていたりと、若年層から敬遠されやすい要素がてんこ盛りだったりします。

「常識とは18歳までに身につけた偏見のコレクション」と言ったのはアインシュタインですが、偏見を常識と思い込んでいる年寄りの長話を聞かされるのは、若い世代にとっては苦行以外の何ものでもありません。

そこで、**あいまいな話に説得力を持たせるのが「エビデンス」です。話をするときに論拠となるものを用意しておき、それとセットで話すことを習慣化するのです。**

たとえば、「最近は結婚しない人が増えているようだね」と話すとき、「たしかにそんな話は耳にするけど、本当にそうなのかな。思い込みもあるのでは」と疑問に感じる人もいるかもしれません。そんなときにデータを添えてあげるのです。

直近の国勢調査（2020年）によると、日本人の生涯未婚率は、男性が約28パーセント、女性が約18パーセントです。90年代が男女5パーセント前後だったことを考えると大変な増え方です。こうした情報をセットにし、さらに「男女合わせた未婚者の総数は3000万人超えだってさ」と伝えれば、相手は必ず納得します。

そこまで詳細な数字が用意できなくても、「昨日の『ニュース23』でそんなことを言ってたよ」「『〇〇』という専門誌で読んだんだけど」という具合で構いません。何かしらの典拠を軽めのエビデンスとして添えるだけでも説得力は増します。

こうした話し方を習慣化すれば、「あの人の話はいつも整合性がある」との評価が定着するでしょう。説得力があってストンと腹落ちする話というのは、聞いている側もドーパミンを噴出させて脳が喜んでいるのです。

データは手元にスマホがあればその場ですぐに調べられますから、気になった情報は普段からスマホのメモアプリなどにストックしておくといいでしょう。何より、疑問点がデータで完全解決されるのは、自分自身の精神衛生にとってもいいことです。

50歳、60歳の会話に常につきまといがちな「偏見」という年齢的な〝疑惑〟を、一瞬で排除してくれるのが確かなデータでありエビデンスなのです。

習慣48

金言を会話に引用する

前項でエビデンスをセットにして、話に説得力という厚みを加える方法についてご紹介しましたが、これを「偉人の格言」などに置き換えてみてもいいでしょう。

たとえば、「仕事が忙しくて自分の時間がない」を言い訳に、家と会社の往復だけで毎日を過ごし、自分への投資ができていない若者がいたとします。60歳のあなたがいくら自分の経験値から助言をしても、その気にさせるのは簡単ではありません。

ところが、哲学者のセネカが残した「われわれにはわずかな時間しかないのではなく、多くの時間を浪費するのである。人間の生は、全体を立派に活用すれば、十分に長く、偉大なことを完遂できるよう潤沢に与えられている」というドンピシャな言葉をうまいタイミングで添えてあげれば、話の説得力はいきなり増します。

一方、このような偉人の格言だけでなく、現代を生きる成功者たちの声も心に強く響きます。時代の空気感にフィットしているため、言葉に「旬」の力強さがあり、同時代に生きる人々の共感を呼ぶのです。

私が最近聞いた旬の名言で印象に残ったのが、音楽ユニットYOASOBIのボーカルｉｋｕｒａさんが２０２１年の紅白歌合戦に出場した感想、「１００点ではなかったけど、１００パーセントでは歌えた」という言葉です。今の自分ができることをすべて体現したという爽やかな満足感と音楽への強い想いが、この短い言葉からヒシヒシと伝わってきます。

受験で第一志望に落ちた学生さんや、スポーツの試合で勝てなかった選手など、誰に向けても心に響く言葉でしょう。

大谷翔平《おおたにしょうへい》選手がWBCの決勝戦前に言った「憧れるのはやめましょう」という言葉も、おそらく数えきれない人がさまざまな場面で引用し、多くの人の心に響いてきたはずです。

このように、偉人や歌手、スポーツ選手のほか、人気漫画のセリフなどでもいいと思います。**注目を集めた旬の名言をその時々で織り交ぜながら、場面に応じて使ってみることで、話に確かな力を持たせることができるのです。**

習慣49

スマホと友だちになる

2010年に4パーセント程度だったスマートフォンの保有率は、今や96パーセントを超えたことがNTTドコモの調査（2023年4月公表値）で明らかになりました。とはいえ、そのスマホを十分に活用できていない人が多いのも事実です。

スマホはSNSやネットニュースの閲覧、その日に食べたランチの撮影のためだけに開発されたツールではありません。インターネットを介して世界中の情報とリンクしている小型情報端末なのです。

これだけ膨大な量の情報を個人が無料で手に入れられる環境が整ったのは、人類史上初のこと。使わない手はありません。

先日もある居酒屋で食事をしていたら、常連とおぼしき初老の男性3人が、某プロ野球チームの「今の2軍の投手コーチって誰だっけ」という話題で10分くらい言い合っていました。手元のスマホで調べれば30秒もかからないのに、なぜか誰もしない。

一方でこれも先日、テレビ局で番組の打ち合わせをしていたときのこと。私が「えっと、あれって……」と口にしたその数秒後、隣にいたアナウンサーの方が既にスマホで調べてくれているのです。この方にとっては習慣化された当たり前の行動なのでしょう。

私は大学で、授業中でも学生にどんどんスマホを使ってもらっています。**その場で調べて答えを出す癖がつくと、頭の中の考えを常にデータと結びつけて完成させる習慣が身についてきます。思考がより論理的になっていくのです。**

今まで直観としての閃きを「多分そうだろう」で済ませていた人が、「一応調べておくか」とチェックする癖をつけることで、頭の中の論理がどんどん強化されていきます。結果、「あのおじさんは頭がいいよね」ということに。そのための武器となるのがスマホなのです。

とはいえ、誤解していただきたくないのですが、「何でもスマホで済ませばいい」と言っているのではありません。知性を高めるにはやはり書物との触れ合いは大切です。これについては改めて第4章で触れます。

習慣50

「暗記力」を養う

日本の教育現場では、どういうわけか暗記主義を悪と捉えて軽視する声が少なくありません。しかし、論理性を担保するには情報の蓄積が必要ですし、理解力や創造力も記憶量が支えています。

記憶の定着に必要なのが、1つは反復性です。

脳科学の専門家によると、人の脳は仕入れた情報を海馬《かいば》というところに一時的に保管し、まずは短期記憶として残します。そして、重要と判断すると記憶の貯蔵庫である大脳皮質《だいのうひしつ》へ送り、これが長期記憶として保存されるのだそうです。

忘れた英単語を再び記憶する際、脳の海馬にとっては、「あ、あの単語か」と思い出す形になり、これを繰り返すうちに長期記憶になっていくといいます。

また、記憶する力を左右するのは、年齢ではなく知識量ともいわれています。人は脳内にある別の知識に紐づけて新しい情報を記憶するそうで、事前に蓄積された情報が多いほど記憶をしやすいということがあるそうです。

たとえば、無作為に選んだ複数の地名を記憶する場合、旅行や歴史が好きな人なら既に得た記憶とリンクさせ、「あの温泉がある街」「あの武将が治めた地域」といった覚え方ができます。知識がなければ無味乾燥な記号として覚えるしかなく、記憶の定着率は下がります。

経済学者の榊原英資《さかきばらえいすけ》さんは、松岡正剛《まつおかせいごう》さん監修の『情報の歴史』（NTT出版）に毎晩目を通し、世界のさまざまな歴史をリンクさせて記憶してから寝るそうです。

一般に記憶力が高いとされる10代でも、たとえば日本史を西洋史や中国史といった、横のつながりで覚えるのは苦手という人が少なくないそうです。榊原さんの日々の修練と記憶に対する理解の高さには感服する以外ありません。

思想家のモンテスキューは「少しを知るためには多くを学んでおかねばならない」と言いました。**人の記憶の活用には、知識のストック量と、その知識に紐づけして自在に引き出せる技が必要です**。となると、知識が豊富な高齢者のほうが、若い世代より脳の使い方が上手なはずだともいえるわけです。

習慣51

感覚を知性に落とし込む

言葉にしにくい概念を万人向けに構成して説明する行為が、論理的なアウトプットです。これは「感覚を知性に落とし込む」作業ともいえます。

映画の試写会後に、感想を聞かれた若い人が「トリハダでした！」と答えたとします。その横にいた60代の人が、「予測不可能なストーリー展開に飽きませんでした」などと言えたなら、若者よりうまくアウトプットできたということになるでしょう。

意識は個人の頭の中だけにあるものなので、第三者を得心させるためには、誰もが理解できる表現に置き換えて説明する必要があります。

一般に子ども向けの絵本は、細かな説明をあえて省いて直感的に描かれているものが多いので、小さな子から「なんであの子はあのとき泣いてたの？」と聞かれたとき、子どもでも理解できそうな表現を選びながら説明しなければなりません。

的確な言葉を選ぶには語彙力が必要です。語彙を10持っている人と１００持っている人とでは選択肢の幅が違いますから、表現のバリエーションにも比較にならないくらい差が出ます。

つまるところ、どれだけの語彙を頭の中にストックできていて、それをどれだけ短時間で拾い出し、的確な間《ま》で吐き出せるかです。

語彙力が豊かな人は感覚をアウトプットすることに長けていますし、さらに新たな語彙を日頃から追加し続けていますので、知の燃料は常に満タンです。

逆に、中高年になっても「やばい」や「すごい」でしか説明ができないという人は、40代や50代までに語彙を補充する機会を放棄してきたのかもしれません。

テレビの食レポも、「ヤバっ!」「超ウマっ!」だけでは視聴者に伝わりません。味が何に似ているのか、食感がサクサクしているのか、ふわふわしているのか、お餅のように粘りがあるのか、弾力が強いのか――、そのシズル感をうまく伝えるのがレポーターに与えられた役割です。

美味しさという直感を誰もが理解できるように、的確な言語で毎回表現できる60歳を目指していただきたいと思います。

習慣52

自分のエピソードを乗せて伝える

学生と話していると、「本を読むのは好きなのですが、内容を人に伝えるのが苦手で」という声を聞くことがあります。

そんな学生に私がよく言うのが、自分の体験を重ねながら話すという方法です。引用した文章に自分のエピソードを乗せてみるのです。

たとえば、『論語』の内容を説明する場合、ある人が「君子は和して同ぜず、小人は同じて和せず」を選んで説明を試みたとします。

言葉そのものは、「立派な人は誰かと仲良くしても同じにはならない。凡人はなんでもかんでも人と同じようにしようと考えてしまい、違いを認め合いながら仲良くすることもできない」というような意味なのですが、それだけを伝えても印象に残らない場合もあります。

そこで、「自分の高校時代、まさにそういうタイプの人がいてね」と、過去の実体験からできるだけ具体的なエピソードに言及し、「今では成功して会社経営も順調で、やっぱり成功する人というのは若いときから……」といった流れで伝えれば、孔子の言葉の意味が具体性を伴って相手の心に伝わります。

このように、エピソードを乗せることは、自身の経験を「完結した1つの話」として上手に説明できたことになり、自身もアウトプットによる達成感を得ることができます。**聞く側を喜ばせることで、話した自分の脳も喜ばせるわけです**。

小説でも物語の主人公が過去の自分や身近な人に似ていると、内容をより現実的に理解できますし、人にも説明しやすくなります。

自分との共通点が多い本は心が動きやすく、反対に自分が本に近づくことで理解度も深まり、説明も上手になるはずです。

再雇用の面接などで聞かれる座右の銘も同じです。「習慣は第二の天性なり」を選ぶのであれば、「天才ではない自分にも、地道な努力を継続する愚直さだけはありました。実際、前の職場では……」と具体的なエピソードとして話すことができれば、面接官も前のめりになって耳を傾けてくれるかもしれません。

習慣53

アウトプットを意識したインプット

本や資料などを読んで記憶の定着率を高めたい場合は、「誰かに説明することを前提にして読む」という方法があります。アウトプットを意識しながら読むということです。

小説のように気持ちを乗せやすい文章と違い、ビジネス書や新聞の記事などは、集中力を欠いた状態で読むと思考が流れてしまいます。読み終わったらほとんど覚えていない、という経験をお持ちの方も多いのではないでしょうか。

ところが、誰かに説明することが前提であれば、内容をできるだけ正確に記憶しなければならないため、そもそも読むときの気合が変わります。

一般に「好きだ！」「すごい！」と気持ちを乗せて情報をインプットすると、脳の感情を司《つかさど》る部位が活性化されるため、理解力も思考力も深まるのだといいます。

また、**他者への説明が前提となるため、内容の要点を的確に拾い出し、無駄な部分**

を捨てながら再構成する必要があります。記事中にポイントが5つ書かれていたならば、「今回、3と5は要らないな」「順番を入れ替えて4を頭に持ってきたほうが彼にはわかりやすいだろう」といった具合に整理していくと、漫然と読むよりも記事への理解度、脳への定着は数段高まります。

説明の相手が誰であるか、あるいはどのような状況で説明するかも重要な点です。会社のプレゼンの場で利用するのか、友人との雑談の中で話すのかで、求められる記憶の整理方法は変わってきます。

相手が会社の同僚であれば、基本的な知識は共有されているので、そのまま伝えることはできるでしょう。ところが、小学生になる自分の孫に話すということになると、言葉をすべて子ども向けに変更し、まずは記事をとりまく環境から説明する必要も出てきます。

実際に説明する必要があってもなくてもかまいませんので、覚えにくい文章を読む際はこのアウトプットを意識した読み方を試してみてください。記憶の定着の差がかなりはっきりと自覚できると思います。

習慣 54

「辞書」を暮らしの中に取り入れる

私たちは普段、日本語を話したり書いたりしながら暮らしています。このため、日本語だけはほぼ完璧に使いこなせていると思っている人も多いようですが、日本語力というのは人によってかなり差があります。

この差をつくっているのが語彙力であり、その語彙力を育てるのが、1つには辞書を日常で使いこなすことです。

何か言葉を使ったときに、それが他ではどのような使われ方をしているのか、あるいは別の言葉で言い換えるとしたらどんな類義語があるのかなどを、その都度、辞書を手に取って引いてみるのです。

語彙力の大切さについては、他の章でも触れますが、実際のところ、人の教養とは語彙力で測られるといっても過言ではありません。当然ながら、言葉を知らないとどんなことも理解ができません。

ニーチェの『ツァラトゥストラはかく語りき』には「超人」という彼が提唱した概念がたびたび出てきます。これをニーチェが考えた人間としての究極の理想像であることを語彙として知っていないと、「キン肉マンみたいな人のこと？」という間の抜けた会話になってしまいます。

どんな思想や知識を得るにも、分野ごとに求められる語彙があります。**語彙を増やしていくことが知を高めるうえで何よりも重要であり、それを助けるのが、誰もが1冊は持っているであろう辞書です。**

もちろんネットでも類語や関連語は調べられますが、信頼性の担保という点ではやや不安なところもあります。辞書は、日本語のプロたちによる厳格な編集工程を経て、高いハードルを越えてつくられていますので、真理の基準点として十分に信用できるツールです。私は、複数の辞書が入っている電子辞書をよく使います。

リビングに辞書を置いておけば、テレビを見ているお子さんやお孫さんから「これどういう意味？」と聞かれてもすぐに引けます。一緒に調べて習慣化していくうちに、家族みんなの語彙力が高まり、日本語力もアップしていくはずです。

習慣55

インプットよりもアウトプットを優先

ひとことで「インプットとアウトプット」といっても、現代人が行なっているのは圧倒的にインプットのほうが多いはずです。

本を一冊読んでも内容を誰かに説明することはそうありませんし、ネットに溢れる膨大な情報をスマホで仕入れたとしても、それをアウトプットする機会も多くはありません。結局のところ、現代人はすべて「インプット過多」なのです。

過剰なインプットで脳が情報を処理しきれないオーバーフローのような状態になると、脳疲労でストレスが増幅し、心の疲れをも引き起こすといわれています。先日もテレビである脳神経外科医の方が、脳の疲れの原因として「インプット過多」をあげていました。必要なのは、思考習慣を「アウトプット優先」へ切り替えることです。

理想のイメージは商品の回転が早い人気商店です。こまめに商品を仕入れても次々に売れるため、さらに仕入れが必要となり、棚で埃《ほこり》をかぶっている品がありません。

仕入れと販売の新陳代謝が活発なので経営も常に健全ですから、店主もお客さんも双方が常にハッピーです。

このように、インプットした情報は心に溜めず、ちょっとしたことでも誰かに話せばスッキリします。さらに別の知識を仕入れて、「もっと話したい」「次はもっと工夫したプレゼンを」と前向きに変化していくでしょう。

映画や芸術を好きな人であれば、知識を整理してブログなどにアップするという方法もあります。その際、アクセス数などは気にする必要なし。とにかく溜まったものを吐き出すことが肝心です。

「知の回転力」を身につける方向へ習慣をシフトすると、疲弊した脳はきっと改善されます。最終的には「インプット1対アウトプット9」くらいを目指したいものです。

せっかくインプットした知識です。そこから新しい何かを生み出すために、まずは溜め込んだ知識を塩漬けにせず、発信していくこと。

何かをインプットしたら「さて、これはどこで出していこうかな」とセットで考える癖をつけておくのもいいでしょう。

習慣56
声に出して読む

忘れやすい情報を何とかして憶えたいとき、声に出して読む方法があります。**記憶するときは基本的に、無言で読むより音読するほうが覚えやすいのです。**

ある学生は「ＳＤＧｓ（持続可能な開発目標）」という言葉が注目されはじめた頃、このパワーワードを就活の面接で言い間違えたら人生終わりだと思い、「エス！　ディー！　ジー！、ちっちゃなエス！」を連呼して覚えたと真顔で言っていました。

実際、読み上げる声が特徴的なほど記憶は定着しやすいといいます。

私もじつを言うと、時計とメガネとスマホの３つをよく忘れることがあるので、普段から「時計、スマホ、メガネ」と声に出していうクセをつけています。実際、これをするようになってから忘れないようになりました。

ある経営者の方からうかがったのですが、社内で特定のミスが常態化して悩んでいたとき、毎日の朝礼でミスのポイントを全員で声に出して確認するようにしたそうです。すると、わずか数日で当該ミスがほぼ解消されたとのことでした。

このあとの第4章でも読書の視点で「音読」の効果には触れますが、要は声に出すという行為はカラオケのように心地いいだけでなく、脳の働きもよくするということです。

音読中の人の脳を調べると、さまざまな部位で神経細胞が働いて血流が増加し、認知症やうつ病などを改善するという研究報告もあります。

この方法をいま初めて知ったという50代、60代の方の中には、「知っていたら学校のテストでやっていたのに！」と悔しい気持ちになる人もいるのではないでしょうか。

ちなみに、二宮金次郎《にのみやきんじろう》の薪を背負いながら勉学に励んだ「負薪読書《ふしん》」の話は有名ですが、じつはあれも音読だったといいます。しかも大声で朗々と読みながら歩くものですから、ご近所の人たちから変わり者扱いされたとの逸話も残っています。

脳機能の観点で音読をしていたわけではないでしょうが、鋭敏な感性を持っていたであろう金次郎は、そのことを身体で感じとっていたのかもしれません。

習慣57

「書く」ことで長期記憶にする

「書いて覚える」という方法は、わりと古くから試みられてきた記憶法の1つです。おそらく、多くの昭和世代の方が、学校の期末テスト前などになると、わら半紙や新聞のチラシを用意し、書きまくって覚えたはずです。

ただ、書くことで本当に記憶の定着が高まるのか、なぜそうなるのかといった明確な根拠は理解していなかったと思います。

一般に、記憶というものは読んだり聞いたりするだけより、「書く」という行為を加えたほうが定着は高まるといわれています。

少し前のことですが、ある番組で脳科学の専門家から伺った話では、目で読みながら「インプット」だけで覚えているときと、書くという「アウトプット」も加えて覚えているときでは、脳の働き自体が違っているのだそうです。

目で見ているだけのときは、文章を見たり、理解したりすることで、脳の視覚野《しかくや》や言語中枢が働きます。

これに書くという行為が加わると、手を動かすことによる「運動野《うんどうや》」、手の筋肉のバランスをとる「小脳《しょうのう》」、さらには手や指の神経から刺激を受ける「感覚野《かんかくや》」が働くことで、記憶がさらに強化されるのだそうです。

次章で「なぞり書き」の効用について触れますが、文字を書くという行為には写経のように心を落ち着かせる効用のほかに、記憶の定着にも効果があるということがいえるのです。

以前、小学生向けに四字熟語やことわざなどを書いて覚える本をつくったことがあります。小さい頃から古き良き言葉をしっかりと覚えるには、やはり書いてみるのはいい方法だとあらためて思っています。

ちなみに、私たちは泳ぎ方や自転車の乗り方、ピアノの弾き方など、一度覚えた運動の記憶はほぼ忘れることがありません。

同じように動作の反復を伴って覚える「書く」記憶も、やはり長期記憶の定着へつながるのです。還暦へ向けて習慣化したいものです。

習慣58

適度に騒がしい環境で覚える

休日に本や資料を読んで情報を記憶したいとき、図書館やファミレス、喫茶店などを利用される方も多いと思います。

少し前に「リビング学習」という言葉が注目を集めました。これは、音のない静かな部屋で勉強するよりも、生活音が適度に聞こえるリビングルームのほうが、記憶の定着が進むという考え方です。

個人差もあり、一概には言い切れませんが、閉鎖された無音の狭い部屋でストレスを感じながら覚えるより、カフェでコーヒーを飲みながらの勉強がはかどる方もいるでしょう。私もそうです。周囲の雑音を耳にしつつ、リラックスした状態でゆっくり資料を読んだほうが落ち着いて覚えられそうではあります。

情報は他の情報と関連づけてインプットすると長期記憶になりやすいので、音や匂いとリンクさせて記憶することに合理性はあるといいます。

昔の受験生はラジオの深夜放送を流しながら勉強をした人も多いのですが、ＤＪの声や音楽が、年号や英単語とセットでインプットされることで長期記憶になりやすいということは確かにあるそうです。

通勤電車で本や資料を読むのが習慣という人の方の中には、静かな会議室で硬い椅子に座って読むと落ち着かないという人が少なくありません。電車内やホームの適度なザワザワ感が、同じ原理で脳に働いていると考えていいでしょう。

実際、「通勤読み」は、記憶の定着に効果が期待できるといわれています。乗り換えで小説を閉じて歩いているとき、人の脳は読書から完全に離れているわけではなく、頭の中で物語を思い出して反芻《はんすう》しています。これが会社の資料であれば、読んでいたデータを思い出して整理しようと試みています。

「読む」と「回想する」では脳の別の回路が使われますので、それぞれが活性化されることで長期記憶になりやすいそうです。これは部屋で読むときも同じで、途中で資料を閉じて思い出そうとすると記憶の定着は進みます。生活のまわりにある適度な騒音を利用して、身近なインプットに活用してみてください。

習慣
59
成功イメージを増やす

人は情報をインプットする際、100パーセントそのままの状態で記憶するというよりは、自分向けのイメージに変換して覚える傾向があるのだそうです。

バスケットボールのスリーポイントシュートでいうと、過去に重ねた練習で「このコースにこのくらいの強さで投げれば入った」という成功体験が、自分仕様のイメージに変換されて記憶されています。

そのイメージが試合で呼び起こされ、記憶に身体を反応させた結果としてゴールを決めているのだといいます。

たとえば、同僚たちと飲みに行ったシーンで考えてみましょう。あなたが、今一つ盛り上がっていないなと感じたとします。そんなとき、「そうだ、前回はあの芸能人のネタで盛り上がったな」と過去の〝成功体験〟を記憶から引っぱり出します。それを再現すれば、今回もそれなりに話が盛り上がるということです。

あるいは、デッドボールを避けるのが上手だと定評のあるバッターが、鋭く曲がる変化球を避けきれずに球を受けた場合を考えてみましょう。今までこのコースに来た球は、イメージどおりに動けば避けられていたのに、今回は曲がり方がその「イメージを超えていた」ということになります。しかし、更新されたそのイメージがあれば、次からはもっと上手に避けられるはずです。

そして、**成功した記憶のイメージが脳にストックされ続けると、その分だけ予測できる範囲が広がっていき、現実社会でのさまざまな出来事に対応しやすくなります。**

成功のイメージを溜めるためには、当然その思い出を忘れないように長期記憶として脳に保存し、必要なときに引っぱり出せる状態にしておかなくてはなりません。

最近は日記をつける人が少なくなりましたが、自分専用の非公開ブログでもいいので、何か良いことがあったらちょっとしたことでも記録しておきましょう。

「今日はあのエピソードで盛り上げたぞ！」と感情を思いきり乗せて文字を打ち込めば、長期記憶にもなりやすいはず。ブログはそのまま「マイ成功イメージ」のアーカイブとなります。

習慣
60

子どもに説明できるよう嚙み砕く

どんな難しいテーマでも小学生を相手にわかりやすく話すことができれば、その60歳のおじさんは間違いなく説明の達人です。

60歳同士なら多くを語らずとも「世の中そういうもんだよね」で済む話も、ピュアで妥協を知らない子どもは「でも、なんで政治にお金がかかるの？　何にかかるの？」と何度も聞いてきます。そして、そんな素朴な疑問こそが核心だったりするのです。

知り合いの編集者は、社会人向けの経済記事を特集する場合でも、「中高生が理解できるか」を1つの基準とし、そのイメージを忘れずに誌面を構成するといいます。

子どもの目線に合わせて説明するには、まず難解な言葉を平易な日常用語に置き換える必要が出てきます。**言葉を置き換えられるということは、その人が問題の本質を理解できているということです。**本質がわかっていなければ別の角度から違った表現で説明し直すことはできません。当然ながら語彙力も問われます。

つまり、「子ども向けに話すことを想定して問題を捉えなおす」という行為は、自分自身が問題を本当に理解できているかが問われるということです。うまく説明ができないならば情報のインプットが不足していたのかもしれませんし、データだけ記憶していても分析ができておらず理解が不十分だったかもしれません。

ドラッカーの概念を小学5年生に説明するとき、本質を理解できていれば、

「僕たちは成果を求めるよね？」

「成果はいつも『強み』から生まれるんだ」

「その強みを最大限に生かすためには、まずは一番大事なこと1つだけに集中しないといけない、ってドラッカーは言っているんだ」

と体系的に話してあげることもできるでしょう。

大人を相手に難しい言葉でしか話さないというのは、じつは一番簡単なことでもあります。実際に子どもに話す機会があるかどうかは別にして、常にこのことを意識したインプットを習慣化しておくといいでしょう。

理解力も説明力も、ひいては記憶の定着率も格段に上がるはずです。

第4章

精神の柱をつくる読書の習慣

習慣61

今日読める本を明日に引き延ばさない

人が自己を確立して成長する最大の手助けとなるのが読書です。

書物には生涯をかけて思考し続けた偉人や賢人の叡智が詰まっています。本を読むだけで、私たちは知の巨人の心に触れることができるのです。

デカルトは「あらゆる良書を読むことは、過去何世紀にもわたる最上の教養人たちと会話をするようなものだ」と言っています。

読書とは、文豪が遺《のこ》した文章の解凍作業のようなもの。ときには書き手が命を削って記した名文を読みながら、心の中であたため、身体の中で蘇らせてみてください。

40代、50代をどう生き、60歳以降をいかに豊かなものにするかは、最終的には「良書をたくさん読む」ことに尽きるとさえ思っています。

人生を豊饒《ほうじょう》なものとするには、精神文化の柱をつくることが何よりも大事です。

その柱をつくってくれるのが名著といわれる本です。ニーチェを読めばニーチェの哲

学が、夏目漱石を読めば漱石の思想が、読者の精神文化の柱として心にしっかりと打ち立てられていくのです。

この柱がグラついているようだと、知識が豊富でも単なる「物知りおじさん」で終わってしまいます。成熟した教養のある60歳ということにはならないのです。

川島隆太先生は、「本を読まない科学者は優秀になれない」とおっしゃっています。書物から得られる想像力や発想力が理系脳の思考に柱として打ち立てられ、これが新たな気づきを生みながら科学へつながるのだというのです。

現時点で60歳前後というと、青春をバブル期で過ごした方も多いはずです。20代は懸命に遊び、30代、40代は「24時間戦えますか」と残業や休日出勤を強いられ、書物と向き合う時間が十分に取れなかったという人もおられるでしょう。

では、今日から一冊を手に取りましょう。「今日読める本を明日まで延ばしてはならない」と言ったのは英国人ジャーナリストのホルブルック・ジャクソンです。

読書で心を豊かに耕し、精神文化の柱を育てながら、残されたこれからの時間を有意義なものにしていってほしいと思います。

習慣62

読書は知性の筋トレ

年を重ねて運動不足になると、どうしても身体がいうことを聞いてくれなくなりますが、それを補うためにフィットネスジムなどへ通う人が増えています。昼間の時間帯はどこのジムも中高年でいっぱいだそうです。

一方、脳は身体の衰えと正比例して弱っていくわけではありません。60歳になって短距離を走る速度が落ちたとしても、脳を30歳や40歳の頃と同等レベルに保つことはさほど難しいことではないといいます。それを助ける方法の1つが読書です。

私はかねてから「毎日10分でもいいから本を読んでください」と講演などで皆さんにお勧めしています。

短時間の読書を毎日するということは、脳のスクワットを毎日10分やっているようなもの。いわば「知性の筋トレ」です。「忙しくて読めない」と言い訳をしている人も、まさか一日に10分の時間が取れないということはないはずです。

鍛え続けてさえいれば、頭も身体も劣化はある程度まで防げるのです。筋トレをやめてしまうと元のだらしない身体に戻ってしまうのと同じで、読書も続けていくことが大切です。

ジム通いの方はご存じと思いますが、筋トレをするとパンプアップといって、筋肉の水分が増えることで一時的に筋肉が膨らんで大きくなります。

読書もこれと似ていて、本を読んだ直後に「あぁ、なるほど。人生って……」「きっと主人公の気持ちはこうだったのかも……」などと、いろいろな思いが幾重にもなって頭の中に浮かんできます。

これは、小説の世界を映画監督のように無意識に映像化していたり、主人公の行く末を自分なりに想像してみたりといった、極めてクリエイティブな作業を脳が自ら行なっているのです。いわば「知性のパンプアップ」です。

言うまでもなく、知性の筋トレはできるだけ若いときからスタートさせるのが理想です。これを50歳まで続けることで、60歳には脳の筋肉は鋼《はがね》のようにマッチョになり、かつ柔軟に鍛えられているはずです。

習慣63

「速音読」で心と身体を整える

一般的に読書といえば、部屋や通勤電車などで黙って読むのが普通だと思いますが、ここでは声を出して読む「音読」を是非試してみていただきたいと思います。

私が『声に出して読みたい日本語』（草思社）という本を出してから20年以上が経ち、音読が心にも身体にもいいという考え方が浸透してきたと感じています。

音読のいいところは、何より声に出す行為が気持ちよくて楽しいこと。息を深く吸って吐く、の繰り返しなので自然と腹式呼吸になり（「呼吸」の重要性については第6章でも触れます）、これで副交感神経のスイッチが入り、自律神経のバランスが整うのだそうです。カラオケで大きな声で歌って気持ちよさを感じるのと原理は基本的に同じだと考えてください。

さらに、習慣化して継続的に音読をすることで、喉や舌が自然に鍛えられますので、よくニュースで取り上げられる高齢者による誤えん性肺炎の事故を防ぐことにもつながります。

誤えんの主な原因は、加齢で舌や喉の筋肉が動かしづらくなることで、高齢者の肺炎の原因は約7割が誤えんによるものだそうです。

また、これは次項でも触れますが、音読は脳の働きを活性化させ、認知症予防にも高い効果が期待できるといわれています。**シンプルに楽しく健康にもよく、もちろん知識も増えていく。それが音読なのです**。

音読に慣れた方にさらにお勧めしたいのが、速いスピードで読む「速音読」です。人は早く読もうとすると、文字を追う目と声を出す口が同時に忙しくなり、結果的に頭の回転をよくするトレーニングになります。相手が何を言おうとしているのかを会話の流れで予測できるようになり、冴えた頭が日常化します。

これをさらに極めると、こんどは暗唱も得意になってきます。暗記が人生において重要であることについては第3章で述べたとおりです。

文豪が残した名文を声に出してすらすら読むだけで、心と身体が整う音読。何歳からでもすぐに始められる習慣です。

習慣64 「なぞり書き」で心を整える

鉛筆やペンで名文をなぞって書く「なぞり書き」も、音読と並んで、読書を別の角度から楽しめる方法の1つです。スポーツでいえば、優れた選手のフォームを真似して自分に取り入れる感覚と似ているかもしれません。

音読となぞり書きに共通していえるのは、どちらも哲学者や文豪が残した足跡を、あとからたどって踏みしめてみる行為である点です。実際、一昔前まで文字はすべて手で書かれていたわけです。

なぞり書きを通して、文豪とまったく同じ行為をしてみるということは、文豪の心象に今の自分を重ねてみることにもなります。

実際に書いてみると、文章の持つ力を手で認識でき、今まで気づけなかった筆者の情感が別の角度から伝わってくることがあります。

また、なぞり書きは気持ちを整える効果もあります。最近では、写経や写仏の体験会を一般向けに行なっているお寺も多く、ネットでは「写経セット」のようなグッズも販売されています。かなりポピュラーな文化になっているようです。

「書く」という作業の最大の特徴は、いい意味でじれったい行為だということ。キーボードを打つのと違い、手の動作が心の速さに追いつかないため、慣れないうちは気がせくばかりです。これがつまりは修行であり、日常からの精神の解放につながるのでしょう。

そして、脳への効果です。先の川島隆太先生によると、**音読や写経を習慣化している人は、脳の前頭前野《ぜんとうぜんや》が活性化するため、認知症の予防や改善に大きな効果が期待できる**そうです。前頭前野は意欲や創造性、コミュニケーションなどを司り、脳の中でも人が人らしくあるためにもっとも必要な箇所とされています。

声に出して読み、文字をなぞるだけで脳が元気になるというのは素晴らしいことです。本を横に置いて写本する形でもいいですし、なぞり書き専用の本も出ています。私も『えんぴつで脳を鍛えるなぞりがき　懐かしの名作文学』（宝島社）という本を出したことがありますので、そういった類書を入手して始めてみてもいいでしょう。

習慣 65

「演劇音読」で60代の感性をつくる

とくに小説などを読むときにいえることですが、登場人物になりきる気持ちで本を読む習慣がつくと、世界観に深く入り込めて、人としての共感力が養われていきます。共感力とは、他の人の気持ちに寄り添い、心情を感じ取る力です。

わかりやすく言えば「演劇をするように読む」ということです。とくに音読では、役者になったような気持ちでメーターを振り切るくらいの勢いで読んでみてください。黙読でも心の中で気持ちを強く乗せて読めば近い効果は期待できます。

名作と呼ばれる文章には、文豪が吟味して絞り出した言葉が、キラキラと輝きながら散りばめられています。

それらを演者の気持ちで感情を乗せて読むことで、世界観が胸に響くのみならず、登場人物の気持ちと自分の感情が重なり合うことになります。

堀辰雄《ほりたつお》の『風立ちぬ』であれば、サナトリウムで療養する「節子」や「私」の意識と、読む側の意識とが溶け合い、これが共感力を高めることへつながるのです。

実際、小学校の生徒さんたちに「演劇音読」をしてもらうと、最初は恥ずかしがっていますが、やがていきいきと、楽しんで読めるようになります。

読後に「主人公の気持ちは？」と聞いてみると、普通に読んだときよりも、驚くほど深く理解ができているのです。子どもたちが主人公の気持ちを自分の心情として共感できていたからです。

人は共感力がないと、災害で苦しむ人の気持ちも理解できませんし、そもそも他者に関心が向かないので、目の前で泣いている人の感情も想像できません。これは社会の在り方を考えたとき、かなり危険なことです。

人の心というのは自分だけのものではなく、家族や友人・知人、恋人や恩人など、さまざまな人の心と交錯しています。それぞれの心に共感し、大切に思うことで、はじめて自分の心もバランスをとることができるのです。

60歳のあなたが、若い人から「読書って何の役に立つんですか」と聞かれたら、ご自身の経験も加えつつ、共感力を育む大切さについて諭《さと》してみてはいかがでしょうか。

習慣66

読書で知らない世界を追体験する

読書の素晴らしさは、たとえば1000年前の平安貴族の心情も疑似体験できるということです。『源氏物語』を読むことで、そこに描かれている貴族や女房《にょうぼう》の体験を自分の体験として心に残し、その心情を追体験するわけです。

豊富な体験が確かな人格をつくるといいますが、どんなに密度の濃い人生を送ったとしても、せいぜい100年くらいしか私たちは生きることができません。読書はそれを補ってくれるうえに、なおかつ哲学的なアドバイスまで与えてくれるのです。

読書とは単なる情報のインプットではなく、150年前にニーチェが培った哲学の思想や、2500年前に仏陀が悟った真理の一端を、追体験して心に刻む行為です。

偉人のみならず、犯罪者が登場する物語も多くありますが、これとて「人間なら誰しも過ちを犯す可能性がある」ことを疑似的な体験の中で心に落とし込み、登場人物の罪の意識で煩悶《はんもん》する心情に己を重ね、なすべき答えを導き出せるのです。

このように、読書は作り話や夢物語にただ身を置くだけではなく、あきらかに「体験」なのです。

事実、読書中に感情移入をしている人の脳というのは、実際に体験しているときの脳と似た状態にあるといいます。

シェイクスピアを読んでカタルシスを得た人は、400年前のシェイクスピアと実際に対話をしたことと同義に近いといえるかもしれません。

読書の内容と量の差は、人格形成の違いにも影響を与えます。とくに余生が限られつつある高齢者にとって、残りの人生の時間にどれだけ「体験」できるかは、このうえなく重要なことになってきます。第26代米国大統領のセオドア・ルーズベルトは、「私は自分がこれまでに読んだあらゆるものの一部である」と言っています。

人が60年で得られる経験などたかが知れています。薄っぺらいことしか言えない60歳と、言葉に重みのある60歳を分ける大きな要因は、読書量にあるといってもいいでしょう。

習慣67

深く潜るように読む

短時間で素早く読む「速読」は、限られた時間内にビジネス書やハウツー本などに目を通すには非常に便利な方法です。私も仕事上の必要性から資料読みとして使うことがよくありますし、これはこれで脳を鍛えるトレーニングにもなります。

とはいえ、円熟した還暦を目指す40代から50代へ向けて、王道の読書法としてここでお勧めしたいのは、「沈潜《ちんせん》」するようなどっしりとした読み方です。

「沈潜」とは読んで字の如く「水底に沈んで潜む」ことを意味し、転じて「気持ちを平らかにして深く没頭する」といった意味になります。

海の深くに潜るように、本の世界に自身を埋没させて読むことが、深い理解や洞察を得ることへとつながります。

猛スピードで変化する超情報化社会の中で、時代の波に流されながら、海面の表層で溺れそうになりながら生きてしまいがちなのが、今の私たちです。

しかし、ゆっくりでもいいので、本という海に自らを「沈潜する」が如く沈めて「読む」という行為は、今の時代にこそ必要な大人向けの読書法といえます。

瞑想にも似た達観した心理で本を読むことで集中力が高まりますし、その中で「おや？」と感じたところ、心震える部分があれば、時間を割いて何度でも読み返していいでしょう。

海は深く潜れば音もなくなり、光も届きにくくなります。そこで見えるぼんやりとした光の筋は、知のヒントとして還暦後の生きる力になってくれるはずです。水底深く潜ったからこそ見えた光は、浅瀬では見つけることができないのです。

じっくりと読みながら、カントやヘーゲル、漱石や鷗外《おうがい》と一対一で対峙し、さらには自身とも向き合ってみること。その繰り返しで書の本質に迫ることができ、自身の深層にある何かを見つけることができるはずです。

速読が情報のインプットなら、「沈潜読」は1つの体験です。20歳なら20歳の読書があるように、50代や60代であれば年齢に沿った成熟した読書をしたいものです。

習慣68

「読み聞かせ」はお互いのプラスになる

60歳といえばお孫さんがいてもおかしくない年齢ですので、子どもへの「読み聞かせ」についても触れておきたいと思います。ゲームやネット依存の若者が増える中、幼少期に紙の本に触れて楽しむ時間は、人生における大切な経験です。

世界各国のさまざまな絵本を読み聞かせていると、人にとってもっとも大切な「情緒力」が養われます。情緒力が希薄だと、人は自然や人間に感動できません。

文部科学省は国語教育のあり方として、論理的思考の根源が「情緒力」であるとしたうえで、その基礎となる語彙力を高めるには、幼児期の「読み聞かせ」が重要だと提言しています。

たくさんの物語を聞いて語彙力が高まると、「感情表現力」も豊かになります。「うんとね、えっとね」だけの会話から、徐々に成熟した話し方に成長するのです。

また、物語に出てくるお姫様や動物たちの心に自分の気持ちを重ねますので、他者の心情に寄り添う「共感力」も養われます。自分以外の誰かの気持ちを想像できれば、成長してからも人に優しくなれるはずです。

子どもは読んでいる大人の声や表情などからも多くのことを感じ取ります。タブレット画面の映像を見ているときより、**絵本を見ているときのほうが、やる気や思考などを司る脳の前頭前野が活発に働いていたという研究報告もあるそうです**。

読み聞かせは、読む大人の側にも工夫が必要です。読む速度が速すぎたり、官僚の国会での答弁のように抑揚《よくよう》が乏しかったりすると、子どもは集中し続けることができません。物語の場面が転換するときに一呼吸おいてあげたり、節目ごとに「このとき猫さんはどう思ったのかな？」と感想を聞いてあげたりすると、子どもはどんどん世界に入り込んできます。子どもへの読み聞かせは、結局は大人が自分の人間力を高めるのにも役立つわけです。

自我が発達する年齢になってくると、読み聞かせにつきあってくれる子どもも減ってくるでしょう。お孫さんやお子さんと本を介して共有できる幸せな時間は、思った以上に短いのです。毎日の習慣として取り入れてみてください。

習慣69

知の深みへ誘う読書

情報化社会といわれて久しくなりますが、今の人たちが本当にそれほど情報を有効活用できているかといえば、私は大いに疑問です。

スマホを指でスワイプしてネットニュースを終日見続けていると、あたかも大量の情報を吸収できていると錯覚しがちです。しかし、試しにそのニュースに絡めた質問をしても、うなるような答えを返せる人は多くありません。

つまりは、「わかったつもり」ということなのです。情報の表層を見ているだけで、問題の根本を深く探る習慣が身についていない人が多いのです。

いわゆる「まとめサイト」だけを流し見しながら、それで事態を理解したつもりになっている人もいますが、海の浅瀬で欠けた貝殻を拾っているようなもので、深い海に潜って新鮮な魚を捕るような知識の獲得はできていないのです。

骨太な良書を読んでいると、時に文章と格闘するような心境になったり、凝《こ》り固まっていた既成概念が一文で破壊されたりするような経験を味わいます。フランツ・カフカが「書物は私たちの中にある凍りついた海を割る斧《おの》なのだ」と言ったように、文豪の遺した文章にはそれだけ破壊的な力があるのです。ネットニュースでそのような体験は得られません。

知の「深み」へは、1つのことだけを学ぶのではなく、多角的な知識を総合的に獲得して到達し得るのです。教養のある人は、自分が得意とする分野だけでなく、その裾野に広がる一般知識をも備えています。これが思考に厚みを持たせ、教養や人格も担保されるのです。

幕末から明治を生きた西郷隆盛《さいごうたかもり》は、多くの本を読んだ人格者でした。幽閉生活を経て流刑に処せられたときも、儒学者・佐藤一斎の『言志四録』を何度も読み返し、書き写し、人生の逆境にあっても知を培う努力をやめなかったといいます。

便利なツールであるネットを日常で合理的に活用しつつ、あくまでも知の深みを養うのは読書であることを、還暦を迎える前にしっかりと押さえておいてほしいと思います。

習慣70

本は目次を最大限活用する

論理的な思考ができる60歳は、ものごとを全体から把握するグランドデザイン的な思考ができる、と第2章で述べました。これができれば、職場の会議でも流れ全体の中から重要なポイントを素早く理解することができます。

書店で本を選ぶときも同じことがいえます。生まれて初めて手に取った本の内容を効率的に理解するには、目次を最大限に活用すると便利です。

目次は内容が見出しとなって並び、それが章ごとに分かれているため、本の中身が一目でわかります。じつは目次だけで内容がわかるのが、一番よくできた本ということもできるのです。

ニッコロ・マキャヴェッリの『君主論』は、国家統治者たる君主がいかにあるべきかを論じた名著ですが、内容はもちろんのこと、目次に目を通すだけで内容のおもしろさが伝わり、心が惹きつけられます。

また、目次は読み進める順番を決めるうえでも便利です。小説はともかくとして、ビジネス書であればまずは目次に目を通したうえで、順序を無視して好きなところから読んでいいわけです。

小説がカオス（混沌）なら、ビジネス書や親書はコスモス（秩序）。このコスモスに分類される本であれば、必要なところだけを拾って読む「つまみ食い読み」ができます。

本はタイトルが内容を象徴し、帯に説明を補完するコピーが書かれています。続いて序文を読めば書かれている概要や方向性はおおむね理解できるでしょう。これに慣れると書店に30分いるだけで4、5冊の本はチェックできます。

大学の授業で学生に「新書1冊を5分で読んで30秒で要約する」という練習をしてもらうと、慣れるうちに皆ができるようになります。

これは学生たちが瞬間的な要約力を習得できたということなのです。彼らが書店で本を選ぶ作業も非常に効率がいいはずです。

本の目次を使って要点を短時間で把握できる人は、瞬間要約力を備えた論理的な人であり、ものごとを全体から把握する思考の持ち主でもあるといえます。

習慣71

書店に足を運ぶ

自宅に居ながらネットで本が買える便利な時代ですが、一方で書店には知的好奇心を掻き立ててくれる独特の空気があります。私は書店を心のオアシスと呼ぶほど大好きで、書店巡りは私にとって至福の時間です。

単行本や文庫本、新書、雑誌、エッセイなど、大量の本がこれでもかと並ぶ書店という空間は、新しいアイデアの発想を生むのにも最適です。

たとえば、新書のコーナーには時代を映す旬のテーマを扱っている本がズラリと並んでいますので、今がどんな時代なのかを知るには、書店の新書コーナーへ行けばいいとさえ思っています。

私が知る編集者は、書籍の企画を考えるときには書店に行き、1時間くらいウロウロするそうです。すると、内容の実現度はともかくとして、10個くらいはなにがしかの企画が案としてつくれると話していました。それが叩き台になるわけです。

書店巡りをしていて楽しいのは、本を「雑食主義」で選べることです。普段は歴史小説しか読まない人でも、店内を漫歩《まんぽ》するうちに「50歳からの男の料理」のような本に偶然出くわしたりします。手に取ってみてパラパラ見てみると意外におもしろそう、「じゃ、買ってみるか」となるわけです。それで世界が広がるのです。

このように、なじみの薄いジャンルの本を、あえて深く考えずに衝動的に購入する「パッと見買い」を、60歳まで繰り返してほしいと思います。

ネットでの購入は最初から決まった目的でしか探さないため、イレギュラーな出会いはあまり期待できません。**好きな著者やジャンルにこだわらず、人生で一度も気にしてこなかった類《たぐい》の本を読むと、教養は広さと厚みを増します。**

何より、60歳で未知の世界に触れるのはシンプルに楽しい体験です。未知なる体験は脳を喜ばすのです。

もうすぐ60歳を迎える知人は先日、この「パッと見買い」で、一度も興味を持ったことがないシャンソンについて書かれた本を買ってみたそうです。気づいたら読み終えていたといいますから、それはきっと充実した体験の時間だったのでしょう。

習慣72

「わからなさ」を楽しむ

成熟した60歳であれば、あえて「わからなさ」を楽しめるような読書の習慣を身につけたいものです。わかりにくい本は、そのモヤモヤした澱《よど》みが想像を掻き立て、読む人を夢心地にしてくれる不思議な力があります。

サン・テグジュペリの『星の王子様』は、世界でも有名な児童文学作品の1つですが、一般的な小学生が一読して理解できるような文章や構成ではありません。

そこで私たちは、「王子様のバラは何を象徴していたのだろう」「狐の役割はなんだったのか」などと想像を働かせます。そして、「作者はきっと、人を愛することの尊さとかを伝えたかったのかな」と、自由かつ柔軟に考えることになります。それは知的な楽しみでもあります。

ノーベル文学賞を受賞したガルシア・マルケスの長編小説『百年の孤独』も、蜃気《しんき》楼《ろう》の村を舞台に異境的な世界観が展開され、難解でありながらも文章に身を委ねることで陶酔感を楽しめます。

小林秀雄《こばやしひでお》は著書『読書について』で、「人間は、厳正な智力を傾けて、曖昧さの裡《うち》に遊ぶ様に出来ている」と言っています。知性が曖昧さを楽しませてくれるのです。

読めば誰もが一発で理解できてしまうような内容の本は、ツルリとした表面のヌードルのように、喉に引っかかることなく記憶にも残りにくいものです。一方、**固くてザラついて咀嚼《そしゃく》しにくい作品には、概して深い読後感が伴い、50歳で読んだ記憶と感動が10年先まで残ります**。

難しいといわれる本を理解するには、文章を繰り返し読むだけでなく、執筆された時代背景や著者の人物像などを知ることも大事です。

宮沢賢治《みやざわけんじ》も、奥深い不思議な世界観の作品を多く残しました。しかし、賢治が「世界中の人々が幸福でなければ自分の幸せはない」という信念を持っていたと知って読めば、理解度はまた違ってくるはずです。

そのうえで、肝と思われる部分に絞って、じっくりと海に潜るように読むうちに、光が差すような瞬間が訪れるかもしれません。

習慣73

安易に答えを求めない

「わかりにくい本」との向き合い方について、別の角度からも触れておきたいと思います。

『百年の孤独』のようにモヤモヤを楽しめる本もあれば、それすら不可能な本当に難解な本もあります。風雪に耐えてきた古典や哲学などがその類でしょう。

しかし、たとえモヤモヤ感を楽しめないほど難解な本であっても、簡単に逃げずに、耐えて読み続ける癖をつけてほしいのです。

ネットで情報の上澄みをすくって理解した気になれる人は、難解な本を読み続けることができません。変化が激しい時代だからこそ、「わからない」状態にじっと身を置き、読み続けてほしいのです。知性とは「わからなさ」に耐える力でもあります。

この、答えを模索してじっと待つことを、「積極的受動性」と置き換えてもいいと思います。ネガティブに見えることでもまずは受け入れ、自分に良いものかもしれないと模索しつつ、心を開く姿勢です。

精神科医で小説家の帚木《ははきぎ》蓬生《ほうせい》氏は、『ネガティブ・ケイパビリティ　答えの出ない事態に耐える力』（朝日新聞出版社）で、「性急に証明や理由を求めずに、不確実さや不思議さ、懐疑の心の中にいることができる能力」の重要性を説かれています。

結論を急ぎすぎる、安易に答えを欲しがる姿勢を根本から見直し、面倒でも地に足をつけた本の読み方も必要なのです。これを40歳から始められれば、20年後の60歳にはしっかりと形になっているはずです。

仏教学者の鈴木《すずき》大拙《だいせつ》は、『禅と日本文化』に「一即多、多即一」と書いています。「一が多で、同時に、多が一である」ということですが、この説明でもまだよくわかりません。前出の『情報の歴史』などで知られる松岡正剛氏は、高校時代にこの鈴木大拙の本を持って禅寺などを訪ね歩き、ボロボロになるまで読み倒したといいます。

いかに自分の中に「他」を受け入れる余地をつくれるか、自分の外にあるものと内にあるものを擦り合わせていけるのか。60歳からはとくに問われる大きな課題ではないでしょうか。

習慣 74

「ツッコミ」を入れながら読む

「ボケ」と「ツッコミ」といえば漫才の世界の言葉ですが、この「ツッコミ」を読書に取り入れる方法もあります。

ツッコミとは、ボケ担当の人が放った会話の矛盾点をツッコミ担当の人が指摘することです。「ボケ」に引っ張られていた場の空気感を常識の世界に引き戻し、バランスがとれたところで聴衆に、「何がおもしろかったのか」を頭の中で整理・確認させるという行為といえます。漫才ではこれが繰り返されるわけです。

ニーチェの自伝『この人を見よ』は高い評価がある一方、私が教えている学生からは、「ちょっと自分を褒めすぎ」「決めつけがハンパない」といった感想も聞かれます。

そこで、読みながらポイントを見つけてツッコミを入れてみるのです。

「事実というものは存在しない。存在するのは解釈だけだ」の文章に、「そうでもないわ！」「あんたの匙《さじ》加減やないか！」とか、「なぜ私はこんなに賢明なのか」には「いや自分で言うなや！」という具合です。できれば声に出すほうがいいでしょう。

このように、哲学者や文豪に遠慮なくツッコミを入れていくと、本に呑まれずに自分という存在を保ち続けることができます。

とくに**名著といわれている書物は、読む前から圧倒されることも多く、すべてを疑わずに理解せねばと思い込んでしまう人もいます。**

しかし、「自分は自分」という立ち位置を崩さずに読む方法もあるのです。何が真理であるかの普遍的な答えは誰にもわかりません。

「ボケ」で引っ張られていた空気が「ツッコミ」で揺り戻されるように、ニーチェの放つカオス（混沌）の世界観にツッコミを入れて、コスモス（秩序）に引き戻すことで、自分なりの答えやヒントが見つかるということはあるはずです。

本に呑まれないとは、受け身にならないということ、すなわち能動的かつ強気に出るということです。

私は講演などで「情報は受け身ではなく狩りに行くように」とお話ししていますが、ツッコミ読書法はその典型といえるでしょう。

習慣75

「広く深い」読書を嗜む

成熟した60歳の読書は「広く深く」が理想です。たくさんの良書を奥深く読むということです。「広く浅く」がネットニュースの閲覧なら、「狭く深く」は好きなジャンルだけ、好きな作家だけの本を徹底して読むことに該当するでしょう。

一方、「狭く深く」といってもじつは限界があり、ある程度の広さがなければ際限のない深みには入っていけないのです。

知識と知識はネットワークのようにつながり、重層的な教養へと膨らんでいきます。知識が100あれば膨らみも大きくなりますが、4つか5つしかなければ、それがつながったとしても奥行きは知れています。

太宰治《だざいおさむ》が大好きで、「太宰ワールドにどっぷり浸かっているときが幸せ」という方もいるでしょう。私も太宰はもっとも好きな文学者の一人です。たしかに、1人の作家の作品を集中して読んでいると、あまり知られていない作品に遭遇することもあります。そして、それが自分には不思議なほど響くということがあるのです。そうした出合いがさらなる読書の喜びになる場合もあります。

とはいえ、「太宰しか読まない」ということでは、本当の意味での読書の醍醐味は味わえませんし、「深み」へ入っていくにも限界があります。あくまで太宰ワールドからしか世界を探れないからです。

たとえば、今月は夏目漱石だけを10冊読み（5冊でも6冊でも大丈夫です）、来月は森鷗外だけを、その翌月は谷崎潤一郎《たにざきじゅんいちろう》を……といったように、期間限定の集中〝キャンペーン〟を繰り返すと、太宰の作品からは見えなかった文学の深みへ潜っていくことになります。

そして、あらためて太宰を読み返したとき、今まで何度も読んだはずの文章が違った輝きをもって迫ってくるはずです。**他の分野を覗いてみることで新たな視点を得て、さらに得意分野を深く理解することができるのと同じです。広さがないと深みへ入れないとはそういうことなのです。**

60歳からの読書は「広く深く」を目指し、文学を多方面から模索してください。

習慣76

興味のあるテーマを3冊一気に読む

ある特定のテーマを深く知りたいと思ったとき、私は同じ著者が書いたそのジャンルの本を、だいたい3冊くらい立て続けに読むというやり方をしています。

先日、ある教え子が就職活動の一環もあってか、財務諸表の読み方を覚える必要に迫られていました。それまでは損益計算書と貸借対照表の区別もつかない程度だったそうです。

しかし、同じ著者が書いた新書3冊を購入してきて、2日で読み終えた結果、基本的なことはすべて理解している状態にまではなれたそうです。

要《かなめ》となったのは、彼が時間をかけすぎなかったこと、そして1冊目は一字一句を理解しようとしなかったことです。そこで躓《つまず》くと挫折して終わりです。板をペンキで3回塗るなら、1回目は下塗りでOK。3回目の仕上がりが良ければいいわけです。

最初は6～7割が理解できれば成功で、まずは、ざっと目を通すこと。読了したらペンキが乾かないうちに、日を置かずに続けて2冊目を読みましょう。

この際、できれば同じ著者というのもポイントです。3冊とも著者なりの同じ理論、同じ法則で書かれているはずなので、読む側も矛盾しない一貫したルールの中で情報を受け取れます。3冊目では同じことを繰り返し読んでいる感覚になるはずです。

著者が別ではダメということではないのですが、著者が同じならばとくに重要と思うことは3冊すべてに必ず書かれています。何が大事で何がそうでないのか、要点の取捨選択も自然とできるため、読むスピードも速まります。

小説や哲学書を読んで心を深く豊かにする読書もある一方、このように新書を使って知識を積み重ね、ある分野におけるプチ・スペシャリストになる読書もあるということです。

こうして3~5冊の本を集中して読む方法が習慣化すると、じつは苦手だという分野が、その人からほとんどなくなっていきます。

「マクロ経済なんてさっぱり……」「地質学の本は読んでもわからない」という人も、まずは3冊でいいので続けて読んでみてください。

習慣77

文系でも自然科学の本を読んでみる

人を判断するときに、いわゆる文系か理系かという分け方をよくします。一般に文系は「人文社会科学系」、理系は「自然科学系」と区別されています。

「君は理系だよね」といわれているような人が、「じつは古典も好き」と言ってもさほど違和感はありません。しかし、文系の人が自然科学系の本を愛読しているというケースは珍しく見られがちです。

もし苦手意識で敬遠しているのであれば、それは知識を得る機会を逃《のが》していることになりますし、何より知的な快感を放棄しているようで、じつにもったいない話です。科学分野の本というのは、さまざまな人の知的好奇心をも掻き立ててくれるものです。

一般に、文系の問いには答えがいくつも出てくるものですが、理系は論理的な検証をすることで1つの答えにたどりつきます。この感覚に文系の人が触れることで、あらたな思考習慣に目覚めることができると思います。

文系人が自然科学の楽しさに目覚めれば、ものごとへの認識力は高まり、その人が持つ知の世界観ははるかに充実したものになります。

そもそも、天文学や生物学、地球科学といった分野の話は、誰の心をも高揚させてくれるものです。ドキュメンタリー番組などで宇宙の仕組みを知り、その広さを科学的なエビデンスに基づいて理解できれば、その中に存在する自分とも向き合えます。あるいは、技術開発へ向けた科学者たちの挑戦と失敗のドラマは、文系・理系にかかわらず、誰であろうと心を揺さぶられる物語です。心の垣根を勝手につくっているとしたなら残念なことです。

じつは、教育現場でも理系本は子どもたちの科学的な探求心を育むのに最適であると、「理科読運動」として全国的に推奨されています。子どもへ読み聞かせをする際にも、図が多用された宇宙の本などを使うご家庭もあるといいます。

「自分は文系だしね」などと勝手にブレーキをかけず、とりあえずは手に取ってその世界の知識を吸収してみましょう。

習慣78

3色ボールペンを使う

3色ボールペンで線を引いたり、キーワードを丸く囲んだりする読書法については、これまでさまざまな場で提唱してきました。一方、「その方法はちょっと……」と躊躇する人の大半は、本をきれいに扱いたい、本に線を引くこと自体に抵抗がある、ということだと思います。

しかし、本というのは美しく保存することより、読み込むことに意味があります。フリマサイトや古書店に売れなくなるという理由なら論外です。手元に置いておけばいつでも読み返せますし、生涯の友としてあなたを助けてくれるはずです。

3色ボールペン読書法をおさらいしますと、まずペンの色は、私の場合は赤と青と緑です。赤は「客観的に見て非常に大事」なところで、その部分だけで文章の主旨が伝わるような箇所に絞ります。青は「客観的に見てまぁまぁ大事」なところで、赤よりも多めでいいのでどんどん引いておくと、あとで要約するときなどに便利です。

そして緑は、自分が「主観的におもしろい」と感じたところで、いわば論理と直感でいえば「直感」を刺激された部分ということになります。

これは「本を読書ノート化する」ということで、読んでいる最中にも「この情報は次の会議で使えるな」といった思考が習慣として身につきます。アウトプットを意識して読むわけですから、記憶の定着もより期待できるわけです。

たしかに、本にボールペンで書き込みを入れる行為は、慣れていない人には勇気のいることです。

本を大事にする心は大切ですが、本自体を上に見すぎて下に扱われているようでは本末転倒ではないでしょうか。すべからく情報は狩りに行くように獲得すべきなのです。

誰かに一方的に教えてもらうのが受動的な学びであれば、自発的に工夫をし、思考を重ねながら前のめりに学習する行為が能動的な学びです。そのほうが理解度も記憶の定着もより高まり、思考が整理されて心も整うはずです。

3色ボールペン読書法はまさにその典型。未経験という方も、今日こそ人生初めての赤線を力強く刻み込んでみてください。

習慣
79

哲学書はわかるところだけでいい

「本は読むけど哲学はちょっと……」と思っているうちに、気づいたら40歳になっていたりするものです。

一方、50歳くらいで手に取ってみると、「あれ、こんな簡単なことを言っていたのか」「結論は意外にシンプルだな」と気づくことがあります。そう感じるのは、多くの挫折と成功の経験がその人の中で知を生んだからでしょう。その感覚こそ哲学の始まりです。馴染みのない言葉や文体でわかりにくいけれども、「話の根幹はここなんだな」と理解できるのは、年齢なりに思考の幅と深さが養われたからです。

哲学は、人間の存在価値や意味といったシンプルかつ根源的な問いを掘り下げて考え抜く学問で、なおかつそれが数学や科学、心理学、宗教といった概念へと広がります。

私たちの周りにある思想や概念は、なんらかの哲学書で過去に誰かが語ったと考えてもいいでしょう。哲学をすべての学問の根本であると言う人もいます。

読売新聞社主筆で東京大学哲学科卒の渡邉恒雄《わたなべつねお》氏は、中学生の頃からショーペンハウアーの『意志と表象としての世界』などを読むほどの哲学少年だったそうです。政治記者時代も、帝国大学をトップクラスで卒業したインテリの大物代議士を、「哲学を知らない法知識だけの人間」と軽く見ていたことを自著に記しています。哲学こそが教養の根源であると考える1人なのでしょう。

哲学書については、入門書などから入るのが手っ取り早いですし、序文やあとがきだけ先に読んでみるのも1つの方法です。翻訳された文庫本であればそこに概要が平易にまとめられていることがよくあります。

最初に大枠の概念だけを事前に知っておけば、臆していた哲学書に対して、「なんだ、要約したらそういうことか」と余裕が生まれます。準備ができていれば、実際に読めば想像以上に内容が入ってきて、さらに自身の体験に重ねると理解は深まります。

すべてをわかろうとせず、腑《ふ》に落ちる点だけ拾ってメモをしていってもいいでしょう。そもそも哲学書とは書いた本人でさえ、真理がわからずに悩んでいたりします。ある程度の年を重ねた60歳だからこそ哲学書を手に取っていただきたいです。

習慣80

文章から映像をイメージする

物語を読むとき、人は描かれている人物の表情や声、風景などを想像して映像化する作業を脳内で行ない、この映像が言葉と結びついて記憶となります。夏目漱石の『夢十夜』を読んでいるときは、幻想的な「百年」の世界を風景として頭に描いているのです。

一般に、人の脳は入力される情報が少ないほどそれを補おうとします。情報量でいえば、「視覚情報＞聴覚情報＞言語情報」の順になりますので、映画を観るときより小説を読むときのほうが脳は働いています。登場人物の声は実際には聞こえてきませんが、想像上の声で脳の「聴覚野」が働くのだそうです。

子どもに映像作品ばかりを見せるのでなく、絵本の読み聞かせが推奨されるのは、絵本のほうが想像力を掻き立て、脳を健全に育てる力になるからです。宮崎《みやざき》駿《はやお》監督は著書『折り返し点』（岩波書店）の中で、「映像は、見ている見ていないに係わらず一定のスピードで送りだされる一方的な刺激ですが、絵本は、違います。(略)(子どもたちが)絵本を楽しむような時間が必要になってくるんじゃないですか」と書かれています。

これは大人でも同じです。本を読むより動画サイトを受け身で見ているほうが脳は楽に決まっていますが、感性を養うには読書が不可欠です。なにより、宮崎監督ご自身が大変な読書家であり、だからこそあれだけの名作を数多くつくれたのでしょう。

このように、読みながら映像をイメージするのに加え、屋外へ出て実際の景色に包まれて読むという方法も試してみてください。ときには本を抱えて外へ出て、自然の中に身を置きながら本の世界観へ身を委ねてみるのです。

国木田独歩《くにきだどっぽ》の『武蔵野』は、詩情に満ちた絶妙な自然描写が際立つ作品です。休みの日にでも河川敷あたりで景色を横目に、屋外の空気を感じながらのんびり読んでみてはいかがでしょう。

あるいは、見過ごしていた近所の公園の句碑と向き合ってみて、そこに書かれている文字を読みながら、句を頭の中で映像化して楽しんでみるのもいいと思います。まさに40歳からの大人の読書法といえると思います。

第5章

心の余裕をつくる習慣

習慣81

「雑談力」を磨く

雑談ほど人の本質が見えるものはありません。商談などの場で求められる無駄のない合理性の高い会話と違い、雑談はいわゆる〝平場〟における何気ない言葉のやり取りです。内包された言葉の発露であるため、人柄や知性、感性、社会性などすべてがそこから垣間見えます。話し相手は普段からその雑談を通して、あなたという人間を無意識に評価しているのです。

背伸びをして無理に難しい話をするのではなく、フラットな状態で口から自然に出る会話に対し、相手が好感してくれるというのが求めるところです。

重要なのは、雑談に完成度の高い論理やオチなどは必ずしも必要ないということ。むしろ中身が薄い、短くて緩やかな会話にこそ雑談の意味があります。雑談力とは、場の空気を掴み、相手との心理的な距離を縮める意思疎通の技なのです。

テレビで見る芸人さんのトークに視聴者が引き込まれる大きな理由は、彼らが場の感覚を読み取る能力が高いからです。雑談に求められるのは「会話力」よりはむしろ、「コミュニケーション力」であるといえます。

雑談の基本は肯定する（褒《ほ》める）こと。会って目に見える部分、たとえば「今日のネクタイ、いいですね」と「肯定」するだけで、相手はあなたを心理的に「味方」と捉えます。褒める内容が大事なのではなく、褒めて肯定する行為に意味があるわけです。

また、常に相手側のスタンスに立つことです。相手が「猫を飼い始めましてね」と話しかけてきたら「うちにも犬がいます！　うちの犬はですね」と自分語りに精を出すのではなく、「どんな種類の猫なんですか？」と聞き返してあげてください。話の主導権を自分が握るのではなく、質問で相手から会話を引き出すことが大事です。

会話全体のバランスとすれば、相手7割・自分3割くらいが理想でしょう。つまり、トークが得意でない人でも雑談力を高めることはできるということなのです。

雑談ほど社会に出てすぐに役立つスキルもそうありません。人間的なセンスの多くが詰まっている雑談力を、60歳までに構築しておきたいものです。

習慣82

「茶飲み友達」をつくる

第1章で、60歳という年齢は自身のライフスタイルの再構成をする節目であり、「出家感覚」を取り入れながら、ネクストステージへ踏み出す機会であると述べました。

会社の人間関係だけの人生を中締め感覚でリセットし、これまで接点がなかった価値観を持つ人との交流を新たに始めることは、還暦を迎えたすべての人にとっての挑戦であり、大きな楽しみでもあります。

これを別のわかりやすい言葉で言うとすれば、いわゆる「茶飲み友達」をつくってみるという感覚です。業務上の利害関係と無縁の、あたかもお菓子を囲んで喋り合うような新たなコミュニティは、自分の中の潜在的な魅力を掘り起こしてくれるかもしれません。

もちろん、その際は先述のように、「有効期限切れの通行手形」を振りかざして意味のない自慢話などを絶対にしないことが大前提です。

自分はもう、課長や部長といった肩書から離れた〝平場〟にいるフリーな人間であることを自覚し、人の話をよく聞き、うなずき、笑い、その中で新しい世界観を大いに楽しむことです。

数十年におよぶ会社員生活でこびりついたプライドやしがらみといった錆《さび》を落とし、新しい自分を見つける、いわば人生の錆落としです。

会社という1つの世界で闘い続ければ、業務上の練度は高まりますが、一方で人生におけるルーティン化やマンネリ化を招き、気づかぬうちに心は錆びていきます。

そういった人が人生の錆落としをする時期としては、60歳のリタイア期はある意味で最適ともいえるわけです。

茶飲み友達として集まるということは、会社の重役という立場で部下に〝教え慣れ〟していた人が、たとえば音楽教室などで若い世代の講師に教えを乞うということでもあり、そこでも新鮮な感覚を自分の中に見つけることができるでしょう。発想が固定化されがちな60代にとっては、人生の再構成という意味で大きな機会です。茶飲み友達をつくり、「心の錆落とし」を楽しんでみることをお勧めしたいと思います。

習慣83

「褒め力」を向上させる

「日本人のおじさんは人を褒めるのが苦手」という声をよく耳にします。少年スポーツなどでも、子どもが上手なプレーをしても褒めないのに、失敗したときは大声で怒鳴るような、昔ながらの指導者は今も少なくないようです。

私も大学で学生たちと接していて、若い世代でも褒める力が不足しているのを多少なりとも感じますし、60代以降はさらにその傾向が強くなるように思えます。

「雑談力」でも少し触れましたが、褒めることが上手になれば、人間関係は円滑に運びますし、自分自身への肯定感も強くなり、結果として人生がいい方向へ進んでいくものです。

ただ、褒めることの大事さと、そのための技術を知らない人があまりに多いのです。実際、こういう話を60代くらいの男性にすると、「簡単だよ、お世辞を言えばいいんだろ?」といった安直な答えが往々にして返ってきます。褒めるには意識と訓練、そして技が必要なのです。

人を褒めるという行為は、「相手にとって自分はどんな存在なのか」を理解し、自分と相手との距離感を確認するところから始まります。これはコミュニケーションの基本といえます。そして「この人の良い点は何か」「どこをどのように褒めればいいか」などを考えます。すると、わかっていると決め込んでいた「その人」を、思った以上に理解できていなかったことに気づくはずです。

また、褒める習慣を身につけようとすると、意外に褒めるための言葉を持っていないことにも気づきます。そうなると、こんどは語彙力を増やす必要性に気づくのです。「すごく頭がいいですね」で済ますよりは、「総合的な判断力がありますね」と言ったほうが、言葉にズシリと重みが増し、相手の満足度は何倍も高まるはずです。

褒める習慣を身につけると、妬みや嫉妬心といった自己否定につながるネガティブな心理が消え、自己肯定感が高まっていきます。人生の質そのものが高まるわけです。「褒め力」のアップは他人のためというより、むしろ自分のため。60歳が精神衛生を向上させるためのもっとも効果的な方法といえるでしょう。

習慣84

「モテたい」から離れる

「異性にモテたい」という思いは、誰もが多少は持っているものでしょうか。恋愛にマニュアルはありませんし、恋に年齢制限はないのかもしれません。坂口安吾《さかぐちあんご》も「恋愛は人生の花である」と言っています。

とはいえ、年を重ねてなお、異性にのみ執着する姿というのは、少なくとも教養ある大人には思えません。私個人の考えとしては、60歳というのは、「モテる」「モテない」といった概念からそろそろ抜け出していい節目ではないかと思うのです。

これは年齢に伴うある種の「達観」とでもいえるでしょう。といっても高僧が座禅を組んで悟りを開くような達観ではなく、いうならば一定の年齢が導いてくれる世俗性からの解放とでもいえるでしょうか。

異性を追い求める競争や執着、そこから生まれる敗北感、挫折感、焦燥感、劣等感を今後の人生からすっぱりと洗い流すことができれば、余生は随分と楽なものになるでしょう。

荘子《そうし》の『山木篇』に「君子の交わりは淡きこと水の如し」という一説が出てきます。そもそも60歳からの人付き合いというのは、相手が異性か同性かにかかわらず、水のように淡々としているくらいの距離感がちょうどいいのではないでしょうか。

60歳を過ぎた人の魅力というのは、その人が持つ「人間的な色気」といった、より総合的で全人格的な徳であるように思えます。

普段からの振る舞いが洒脱で軽やかで、会話の背景に知性も感じられ、何より自分の世界をしっかりと持っている人は、同性からも異性からも一目置かれますし、「かっこいい60歳」と映るでしょう。本書を手にされている方たちが、目指すべき姿はそこではないでしょうか。

人としての色気は教養がなければ生まれません。コミュニケーション力を十分に養ってこなかった60代の中には、女性からの社交辞令をそのまま受け取って「自分はモテてる！」と勘違いしてしまう人がいます。しかし、人生をアップデートできている教養人であれば、それも気づくことができるはずです。

習慣85 常に第2、第3の矢を持っておく

経験豊富で懐《ふところ》が深い60歳は、交渉が暗礁に乗り上げても動揺することなく、第2、第3のリカバリー策を持っています。それが成熟した大人たる所以《ゆえん》です。

ここでいう交渉とは、企業同士が交わす億単位の契約のようなものから、「今日、ランチなに食べる？」といったゆるい日常会話までをも含みます。

アダム・スミスは「人間とは取引をする動物である」と言いました。交渉力とはコミュニケーション力の1つです。実際、世の交渉ごとはたいていが難航するもの。そこでポイントとなるのが「利益」「オプション」「ＢＡＴＮＡ（バトナ）」の3つです。

「利益」とは交渉する双方にとってのメリットのこと。何がお互いの利益になるのかを把握したうえで、目指すべきはウィンウィンの結果です。そして「オプション」とは、選択肢やオマケです。「ＯＫしてもらえればこんな特典もありますよ」と相手の背中をもう一押ししてあげる材料です。

最後の「BATNA（Best Alternative To a Negotiated Agreement）」は、代替案のなかでベストなものという意味。最初に提示したプランAで合意に至らなかった場合に備え、次なるプランB、さらにプランCを用意しておくということです。

「この提案を拒否されたら商談は消滅だ」「この面接に落ちたらもう人生終了」「この人にフラれたら川に飛び込むしかない」といった事態に陥らないためには、常にフェーズごとの代替案を準備しておくことが必要です。

仮に交渉が完全決裂する可能性がある場合でも、別の交渉相手が候補として2つか3つあるならば、それ自体がプランB、プランCということにもなります。

立ち居振る舞いに余裕がある60歳は、心のBATNAを持っている人。それはつまり、今の自分にとっての「次なる最良のプラン」が何であるかを日頃から頭で整理できている人です。

「この状況でなぜ落ち着いていられるの？」と聞かれて「最悪こうすればいいじゃん」と冷静に他のプランを出せるのであれば、その人は成熟した理想的な60代であるということができるでしょう。

習慣86

ボディーランゲージを身につける

人と会話をする際に、感情の起伏を出さずに能面のような表情で黙って聞かれたら、不安に感じない話し手は1人もいないでしょう。

しぐさや表情といった非言語的なボディーランゲージで意味を補完する行為は、コミュニケーションの大きな部分を占めているのですが、その重要性について意識している人は、あまり多くないと感じます。

私の最近の例でいえば、新型コロナの影響で大学の授業がオンラインになったときです。ディスプレイを通した学生との対話はライブ感が希薄で、とくに最初のうちはシステム上の問題で画面が真っ暗だったため、暗闇に向かって100分間喋り続けるのはなかなかの苦行でした。その後、お互いの顔は表示されるようになりましたが、やはり対面の授業とは勝手が違います。

そこで、話がおもしろかったら手を叩き、驚いたら手を広げるといったように、身振りで意思表示する〝ルール〟を決めたのです。これがうまくいきました。

もっとも、日本人の場合は、座ったときは手を静かに膝の上に置くといったように、あまり身体を騒がしくしないことが礼儀正しいという感覚があります。文化の違いもあるので、欧米的なオーバーアクションをそのまま真似する必要はありませんが、身体の動きを意識して、感情表現をより豊かにする意識を持つことは大事です。

少なくとも、相手の目を見たり、同調してうなずいたり、「ああ、なるほどね」と合いの手を打ったりして、**会話にリズムをつけ、話の回転を滑《なめ》らかにするのはコミュニケーションの基本です**。実際、これができない人が意外に多いのです。

相手が笑いながら「そういうわけなんだよ（笑）」と話しているのに、無表情で「あ、そう」で返されたら、相手はあなたとの関係性に不安を覚えます。

心理的に快適な距離とは、相手との関係性によって決まりますので、距離が近ければ親密な関係と認識しますが、「あ、そう」ではグッと遠くなります。

不機嫌で不気味な60歳にならないためには、ちょうどいい塩梅のボディーランゲージを身につけておくこと。それには日々の習慣で慣れておくことが大事です。

習慣87 壁にぶつかったときほど楽観的に考える

生きづらさを抱える高齢者が減らない、という現状があるようです。厚生労働省の調査によると、2022年度に自ら命を絶った日本人の数は約2万2000人で、男性の数は女性の約2倍。総数の4割近くが60歳以上の高齢者だったそうです。要因としては、健康の問題や喪失感、孤独感などがあげられています。

「生きてるだけで丸儲け」というのは、おそらく誰もが一度は耳にしたことがある明《あか》石家《しや》さんまさんの言葉です。

生きていれば誰しも挫折を味わうことがありますが、そんなときにこの言葉を思い出すことができれば、間際で気持ちを立て直し、次のステップに踏み出す勇気になるはずです。

それだけ大きな人生のヒント、楽に生きられるコツのようなものが、この言葉には含まれています。**いい意味で呑気で楽観的に、あえて自分に都合よく考えてみるの**

は、壁にぶち当たったときに試みていただきたい方法の1つです。

90年の人生であれば60歳からでも30年。それだけの時間が残されていると考えてみれば、「これってけっこうなボーナスだな、儲けものだよな」という気もしてきます。

あるいは、極論として輪廻転生《りんねてんしょう》の発想で「虫に生まれないで人間だった自分ってとてつもなくラッキー」とか、「問題もあるけど、日本に生まれたのって幸運だったかな」ということでもいいと思います。

実際、世界を客観的に見れば、今の日本も捨てたものではない。むしろ治安も良くインフラも整っており、ある程度の福祉もセーフティネットもあり、「いい国かもな、ラッキーだったのかな」とも思えてきます。

禅の教えに「深知今日事」というものがありますが、これは「今日という日に集中しなさい」「今を生きなさい」という意味だそうです。たとえ大富豪やスターでなくても、一人の市民として生きているだけでいい、命があるだけで尊いということです。

精神科医の斎藤茂太《さいとうしげた》氏は「焦らない、でもあきらめない」との言葉を残しています。心が疲弊しているときは、あえて自分を優しく見守ってほしいと思います。

習慣88 「6割主義」で生きる

一生懸命に取り組むことは大事ですが、いつもしゃかりきな状態の人は、ともすると心の余裕がないようにも見られてしまいます。

20代ならともかく、壮年期の40~50代を過ぎると、心も身体も持久力が下がりがちです。そんなときこその「脱力のススメ」です。

普段はフラットな状態でリラックスをしながら、ここぞというポイントで本気を出す。全体を俯瞰しながら、抜くところは抜いて、決めるところを決める。

そうすることで、気力や体力を効率的に使えますし、日常を穏やかに過ごして前へ前へと進んでいくことができます。40歳以降の人が目指すべきは、この「脱力した前向き」「ポジティブな手抜き」ではないでしょうか。

50代くらいまでにこの習慣を会得《えとく》しておくと、肩の力が抜けて心の構えをゆったりさせることができ、何事にも柔軟に対応できるようになります。結果、60歳以降の時間を随分と楽に過ごすことができるでしょう。

完璧主義者といわれる人は、準備も完全にして、ゴールも限りなく100点に近いところを目指します。それを否定はしませんが、多少は粗くてもいいので、まずは手をつけてみること。最初のゴールも自分に優しく60～70点くらいに設定し、最低限のノルマに達したときは、残りはラッキーなオマケとして受けとめる。私はこれを「6割主義」と名づけています。

認知行動療法の創始者として知られる精神科医のアーロン・T・ベック博士は、人が認知の歪みを引き起こす要因として、ものごとを白か黒か、勝ちか負けかをはっきりさせないと気が済まない極端な思考について分析しています。

私が大好きな歌手の井上陽水《いのうえようすい》さんは「人生は相撲にたとえれば9勝6敗でいい」とおっしゃっています。その通りではないでしょうか。8勝7敗でもOKです。

人生はメリハリをつけずに常に緊張をマックスで持続するのは困難です。自分を追いつめて生きにくくするのではなく、ときには心の給水ポイントを設けて脱力し、「ここ！」というときに一気に爆発できるような習慣を会得してほしいと思います。

習慣89 自己実現ならぬ「他者実現」の生き方

働いている若い方や就活中の学生などに「大切に考えていることは」と尋ねると、かなりの確率で「自己実現」という答えが返ってきます。もともとは心理学用語ですが、近年はビジネスシーンでもよく使われているパワーワードです。

自己実現を否定するつもりはないのですが、これから60歳を迎える中年世代の方たちにあえて提唱したいのは、自己実現ではなく「他者実現」です。

かく言う私も、かつては自分のやりたいことを出発点として考え、それを完遂して達成感を得ることこそが正しいと考えていました。

しかし、やりたいことだけを選んでいると仕事の幅が思うように広がらず、自分の思考パターンも堂々巡りの手詰まり状態になり、ある時期からこれはまずいなと思い始めました。そこから他者が求める要望を満たす方向へ思考をグイッとシフトチェンジしたのです。

つまりは依頼が来たら基本的に全部受けるのです。オファーがあるということは、そのテーマにおいて私が求められているということですから、受けて返せば、相手側も業務を達成できて利益も得られます。つまりは他者実現です。

夏目漱石も「職業」と「道楽」を区別して考え、「職業というものは人のためにするもの、人のためにする結果が己のためになる」という意味の言葉を残しています。

相手が投げてきた球を見逃すことなく、すべて打ち返し続けていると、それまで引っ張り気味のショートゴロか、よくてレフト前だったのが、右方向のライト前やセンター超えといったように、打球の角度と幅に広がりが生まれたのです。

そして、それが次の新しい仕事へとつながっていきました。仕事で大切なのはこの循環をつくることです。

自分が何をしたいかを忘れずに、常に技を磨きながらオファー（社会的要請）に備えて準備し、そのうえで他者が自分に求めることに100パーセントで応えていく。

「自己実現」と「他者実現」の2つを心の中の右手と左手に持ちながら、意識の中で自分なりのバランスを保っておくということではないでしょうか。

第6章

健康を保つ習慣

習慣 90

不安を抱くだけでなく実行する

人とのつながりが心地よくあるには、心身が健康であることが何より重要です。平均寿命が延び続けている日本人ですが、健康でなければ還暦後の人生を心から楽しめませんし、人とのコミュニケーションも苦痛なものとなります。逆に、人間関係が順調な60歳ほど心身の健康も保てます。

世界保健機構（ＷＨＯ）では「病気やけがで日常生活が制限されることなく生活できる期間」を「健康寿命」と提唱しています。わが国の平均寿命は男性が81歳、女性が87歳ですが、厚労省は健康寿命が平均寿命よりも男性は8年、女性は12年短いとしています（２０１９年時点）。

また、年齢が上がるにつれて自分の健康状態に不安を感じているという調査結果もあります。一般に60歳で企業をリタイアすると、勤務先の指導で受けていた健康診断も自己責任となり、人間ドックの受診割合なども60代で下がるといいます。そこで改めて多くの60代が健康不安を感じるのかもしれません。

一方、不安があるなら何かを始めるべきなのでしょうが、その人たちが健康のために何かしているかというと、必ずしもそうでもないのです。

こちらも厚労省の調査ですが、「食習慣の改善に関心はあるが改善するつもりはない」と答えた人が男性24・6パーセント、女性25・0パーセント、運動習慣改善についても男性23・9パーセント、女性26・3パーセントという結果となっています。4人に1人は不安だけど何もしていないのです（2019年「国民健康・栄養調査」より）。

つまるところ、みんな自分の健康状態が心配ではあるけど、何か実践しているかというとそうでもない。今後やろうとも考えていない。**何もしないで、ただただ不安を抱えている。それが我が国の中高年世代の多くを占めているということです。**

ゲーテは「知ることだけでは十分ではない。それを使わなくてはいけない。やる気だけでは十分ではない。実行しなくてはいけない」と言っています。

知的で教養のある60歳になるには、なにより健康維持が基本。ゲーテの言葉も踏まえながら、ここでご紹介するいくつかの方法を実行していただければと思います。

習慣91

健康と知的生産を助ける「散歩」

中高年世代が健康のために今すぐ始められる習慣といえば、まず歩くことでしょう。ウォーキングともいいますが、もっとゆるく「散歩」という感覚でいいと思います。ぶらぶらと流れ歩き、気ままに漂い歩くのです。

「ダイエットのために有酸素運動をしたいけど走るのは苦手」という人でも、歩くだけなら続けられます。中性脂肪の減少や血圧・血糖値、心肺機能などの改善にも良いとされていますし、なにより心理的なリフレッシュができる気持ちのいい体験です。

ストレスが溜まっていてはいい発想も浮かばず、何をしても集中できません。錆のようにこびりついた心の憂いを振るい落としてくれるのが散歩なのです。

歩いていると、日々の煩悩が頭から離れ、瞑想のようにぼーっとした状態になることがあります。脳のこの状態を「デフォルトモード」と呼ぶことは第1章で述べましました。脳が小休憩してスタンバっているような状態で、こういうときにハッとするひらめきが浮かぶことが多いといいます。

友人や家族らと歩きながら雑談をしていると、いい発想が生まれたり、話がいつもより前へ進んだりするものです。第2章で心のモヤモヤの正体をつきとめる「フォーカシング」も紹介しましたが、**ストレスのない時間に自分とゆっくり向き合うという意味でも散歩は最適な時間といえます**。

また、紫外線を浴びるとビタミンDが生成されて骨粗しょう症の予防にもなりますし、脳内のセロトニンも日中のうちにつくられ、これが夜に向けて睡眠ホルモンのメラトニンを増やすことになるため、睡眠改善につながります。

散歩は、河川敷の土手のようなところを歩くのも心地いいのですが、たとえばテレビで見て前から気になっていた商店街のようなところを「街ブラ」的に歩くのも楽しめます。

あるいは、あえてにぎやかな繁華街を歩いて、心をチアフルに奮い立たせるのも適度な心の刺激になるでしょう。ルールはその日の気分で自由に決めていいところも散歩の楽しさです。

習慣92

ストレッチで「心の可動域」も広げる

60歳の身体をフラットに保ち、心の平穏につなげるという意味ではストレッチは必須の1つでしょう。人は赤ちゃんのうちは身体が柔らかく、目にしたもの何にでも興味を示しますが、年を重ねるうちに身体も頭も硬くなり、思考も行動もパターン化していきます。すると、やがて無感動で単調な人生を送ることになります。

身体を健全にするには、「心」の可動域を拡げる必要があります。諸悪の根源は心と身体がともに硬くなってしまうこと。理想は心身両面でのしなやかさです。

朝起きて寝転がりながらやってみると、筋肉が奥深くまでほぐされて血流がよくなり、交感神経も活発になるので脳のスイッチが入ります。伸ばして「イタ気持ちいい」ところを左右対称にそれぞれ30秒~1分くらい伸ばすだけで効果があります。

その際に意識すべきは「呼吸」です。大きく吸い切り、ゆっくりと吐き切ることで、酸素が脳や体内に取り込まれ、身体をゆったりさせてくれます。呼吸が浅いと身体は緊張状態になり、筋を十分に弛緩《しかん》させることができなくなります。

肩が凝ると強く揉んでもらいたがる人が多いですが、筋肉の表面だけを強く押しても効果は薄く、それどころか筋肉や筋膜が損傷して炎症を起こしてしまい、いわゆる「揉み返し」という状態になってしまいます。だからこそのストレッチなのです。

肩こりには肩甲骨《けんこうこつ》まわりの筋肉を「はがす」ストレッチが効果的で、お勧めはメジャーリーガーの前田健太《まえだけんた》投手がよくやる「マエケン体操」です。

足を肩幅に広げて両肘を曲げ、左右交互に腕をグルグルと回す方法で、筋肉を動かして体温を上げていくアクティブ・ストレッチと呼ばれる方法です。肩甲骨周辺の筋肉が動くので肩こり対策には最適です。

じつは、日本人なら誰もが知っているラジオ体操も、筋肉や関節のストレッチ効果としてはとても優れています。学校時代のようにダラダラやらず、ネットなどで正しい動きを調べてやってみると驚くほど爽快です。

大切なのは身体と心の両方の可動域を広げるという意識です。それが持てれば、寝起きのストレッチ後に「さぁ、一日楽しむぞ！」という気持ちになれるはずです。

習慣
93

40歳からの「食」で還暦後の身体をつくる

40歳を過ぎるとそろそろ「食と健康」に真摯に向き合うべき年代となりますが、実際はいつまでも偏った食事を抵抗なく続けている中高年が少なくありません。哲学者のフォイエルバッハは「人は自分が食べたものそのものである」と言っています。

私自身、若い頃から体力には自信があったのですが、40代も半ばを過ぎた頃に体調を崩してしまいました。そんなとき、貝原益軒の『養生訓《ようじょうくん》』と出合い、生きる上での食の大事さを教えられたのです。ポイントは食べる「量」と「質」です。

貝原は、同じ味のものばかり食べるのは良くないとし、甘いものを食べすぎるとお腹が張り、塩辛いものを食べすぎると血が乾き、苦いものを食べすぎると……と続けながら、バランスよく食べることが必要だと説いています。

この「ちょっとずつたくさんの種類を食べる」という習慣が、還暦を迎えても習慣化されていない人が意外に多いのです。私も当時、実際にこの助言を素直に取り入れ、食生活を改善することができました。

さらに貝原は「ほどほどのものを食べられたら幸せである」と書いています。つまり『養生訓』に通底するのは、「人生そのものが、ほどほどが大事」であること。完璧だけを求めずに心にゆとりを持って生きることの大切さが説かれているのです。

ちなみに、私たちが日常よく耳にする「腹八分目」という言葉は、この『養生訓』に記されている概念です。飽食の現代を生きる60歳であれば「腹七分目」でもいいくらいでしょう。

日本医師会によると、50~64歳の平均的な基礎代謝量は一日1480キロカロリーだそうです。基礎代謝を加えた消費カロリーより摂取カロリーが大きくなれば、カロリー過多ということ。これが積み重なれば生活習慣病の元となります。

お腹の出た中高年の男性が、あたりまえのように「ご飯は大盛で」と注文しているのを見かけますが、さすがに考える時期が来ていると感じます。40歳からは食と健康についてしっかりと向き合ってほしいと思います。

習慣94

スポーツも論理で考える

「スポーツを頑張れば頭がよくなる」と言われてもピンとこないかもしれませんが、じつは優れた運動パフォーマンスは高度な思考と情報処理能力が生み出しています。情報を理解する力が鍛えられることで技は上達し、能力が最大限に引き出されるわけです。

たとえば、バスケットボールではボールを持ったまま3歩以上歩くと反則になり、どう抗議してもくつがえりません。スポーツの世界では現実社会より厳格なルールが存在し、選手はそれを受け入れてプレーをしています。

絶対的な縛りの中で最適化したプレーをするには、論理的な思考が求められます。その練習法も科学的知見で絶えず上書きされ、選手はこれを知性で理解しながら選択し、工夫を重ねて実践する必要があります。

「スポーツの上手い人は頭もいい」ということは、言い換えれば、論理的な思考ができないアスリートは上達が遅いということです。近年はトップアスリートの多くが論理的思考のトレーニングを取り入れていますし、サッカーでも「なぜそこにパスを出すのか、どう組み立ててゴールを決めるのか」は、すべて論理に基づいています。

私は卓球が好きでよくプレーするのですが、テーブルの上では将棋の駆け引きのような論理的な攻防が激しく繰り広げられているのです。

卓球のストロークの技術を、たとえば勤務先で商品開発の業務にそのまま応用することはできませんが、「効率的な上達の論理」として役立てることは可能です。**上達する喜びとは「自分の技」を身につけることです。「自分の技」を習得した経験は、他の分野へ挑戦する際にもロジカルな指針となるのです。**

私自身、高校時代にテニスに明け暮れましたが、スポーツと勉強、そして仕事をすることは基本的に同じ論理で捉えているところがあります。

一時期、企業が体育会系出身の学生を好んで採用するといった傾向を耳にしました。それは単に「根性がある」「身体が頑丈」「上下関係がしっかりしている」といった精神論だけではなく、「上達の論理」をつかんでいる点にあったのかもしれません。

習慣95

「呼吸力」を身につける

私たちは普段、あたりまえのように息を吸って吐いて暮らしていますが、じつは呼吸こそが1つの身体文化であるということを理解しておく必要があります。

小さな子が口をぽかんと開けているのは、「呼吸法」をマスターできていないからです。さすがに大人で口を開けている人は少ないようですが、それでも呼吸法ができていないと業務パフォーマンスは低下します。息が短いと集中力が続かず、心を安定した状態に保つ時間も短くなり、精神が乱れやすくなるからです。

呼吸法のポイントは2つ。まずは「息を深く長く続ける」です。

具体的には、鼻から3秒吸って2秒溜め、続いて10~15秒で口からゆっくり吐いていく。これを繰り返すだけで身体が覚醒し、心が落ち着いていくのを実感できます。秒数については各自が調整してもいいでしょう。基本は「ゆっくり吸って、止めて、吸った時間より長く吐く」です。

これが習慣として身についていると、逆に動揺や緊張をしているときに乱れた呼吸に気づくことができ、その都度、セルフチェックをして心を平常な状態に整えることができます。

そして2つめのポイントが、「息と動きを連動させる」です。

大工の職人さんは、木材を鉋《かんな》で削るとき、ちまちまとした細かい息継ぎをしないといいます。大きく吸い、下半身をしっかり固定したうえで、長い木材を一息で引き切ります。このとき呼吸と動作はみごとなまでに連動しています。これこそが、古来日本人が文化として習得してきた「呼吸力」というもの。息の長さと身体の動き、ひいては脳の働きが密接に関係しているということなのです。

ヨガを日本に広めた思想家の沖正弘《おきまさひろ》は「呼吸は命の言葉なのである。だから呼吸を変えれば、気分も変わる」との言葉を残しています。**呼吸の仕方を変えてみるだけで、心と身体の緊張が解け、安らかな精神状態を保つことができるのです。**

ストレスや緊張を感じたときだけでなく、朝起きたらまずはしてみるなど、日常生活に習慣として呼吸法を取り入れてみてください。

習慣96

身体の重心を「腰と肚」に据える

文化としての「呼吸力」のように、古くからの日本の身体文化が今の時代に受け継がれていないのは危惧すべきことではないでしょうか。

昔の日本人は、身体の中心（重心）の意識を常に「腰と肚《はら》（腹）」に置く感覚が身についており、これにより姿勢を正しくし、心の安定をも保ちました。身心の両方に軸となる中心感覚を持つことが、当時の日本人には自然な行為だったのです。

基本は足を肩幅に開いて膝を軽く曲げ、両脚の親指の付け根に均等に体重を乗せながら、中心軸の意識を臍下丹田《せいかたんでん》（へその指3本下）に持っていく。背筋はすっと伸びて肩から余分な力は抜け、傍から見ればすこぶる安定して自然な立ち方です。そこからは心の揺るぎなさもうかがえます。

昔と今の60歳は見た目の貫禄が違うと「はじめに」でも述べましたが、その原因は今の60歳が「腰肚《こしはら》文化」を習慣として身につけていないからかもしれません。

現代の私たちが姿勢を正そうとすると、どうしても直立不動の「きをつけ」を意識します。じつはこれだと背筋が伸びすぎて胸や肩も張りすぎ、なにより自然体としての余裕がそこには感じられません。

逆に「力を抜いて」と言うと、肩が落ちて猫背になり、下っ腹だけ出るという貧相な姿勢になりがちです。「腰と肚」に意識を置いた立ち姿とは対照的です。

幕末の志士の写真などを見ると、身長は今の人よりはるかに低いのに、体軀はむしろ堂々とした大人の風情を醸《かも》し出しています。痩せているのに立ち姿がどっしりと安定し、力んでいないのに力強さが感じられます。何よりも自然体なのです。

明治時代に米国や欧州に派遣された岩倉《いわくら》使節団は、最初のうちはチョンマゲや着物などを奇異に見られたりもしましたが、やがて彼らの臆さない立ち居振る舞いが現地の人からの尊敬を集め、武士の威厳を海外に伝えることになりました。

自然体の立ち方とは「柔軟な上半身」と「揺るぎない下半身」との二重構造で完成します。「上虚下実」です。40歳から取り組めば、20年後には凛《りん》とした立ち居振る舞いのできる60歳として還暦を迎えられるはずです。

習慣97

ストレスを「流す」感覚を持つ

年を重ねると誰でも疲れやすくなるものです。じつは私もかつてはそうでした。先述したように体力には十分に自信があったのですが、40歳を過ぎて疲れやすくなり、50キロ台だった体重も70キロを超えていました。

あまりに疲れやすい身体をどうしたらいいか、原因を自分なりに考えた結果、体液や気の流れが悪いからだと考えました。肩が凝るのは筋肉の緊張で血管が圧迫され、流れが滞ることで、栄養分が身体に行きわたらなくなるからだといいます。

つまりは流れのいい身体であることが、疲れない身体をつくるということ。**血液を流して呼吸を正し、気を流すことで心の中の無駄を流す。すべてをスムーズに流し去ることで、疲れない身体が日常化するという考え方です。**

軽めの筋トレで筋肉の柔軟性を高め、血流を促進するという方法でもいいのですが、まずは「心の負荷」を溜めないことです。とくに現代人の場合、疲れの原因は身体よりも精神疲労にある場合が多いともいいます。

不眠や睡眠不足は疲労の原因として最たるものですが、これなども心理的要因が影響している場合が多いそうです。睡眠の質が悪くなれば注意力が低下し、イライラと疲れが重なり、肥満や糖尿病、高血圧などを引き起こします。私が40代で激太りしたのもこのあたりが原因の一端かもしれません。

私は日常生活の中で、こまめに疲れを「流す」ことを意識しています。とくに難しい話ではなく、要はタスクとご褒美をセットにすること。長丁場《ながちようば》の仕事の直後には仮眠時間を確保したり、気が進まない仕事のあとには大好きな鰻《うなぎ》を食べたり、という具合です。

そのうえで、先述した呼吸法やストレッチなども暮らしに取り入れていく。それだけで疲れを溜めることが大きく減り、心身のリズムを一定に保ちつつ、比較的楽しみながら仕事に挑めようになりました。

大事なのは「流す」という、いい意味での緩い感覚です。「ストレスを溜めないぞ！」ではなく「流す」です。これが心に余裕を与えてくれるのです。

習慣98 「頭の自分」を黙らせ「身体の自分」を解放する

中高年になって近所のテニススクールなどに行き、新しく始めてみるという人もいると思います。私はテニスのコーチをしていたことがありますが、まずは楽しむことが大切です。

生真面目な人ほどハードな練習をし、自分にも厳しくなり、失敗した自分を「自分はダメだ！」と叱ったりするわけです。

人間はいくつになっても成長しますから、上達へ向けて一生懸命に取り組むことは大切ですが、あまりに自分を責めすぎるとストレスが増えるだけで、プレーにおいてもミスが増えるなど、上達の妨げになって逆効果になることもあります。

こういうとき、「自分の中にある『心の自分』をコントロールする」という方法があります。アメリカ人のテニスコーチ、ティモシー・ガルウェイ氏が１９７０年代に提唱した「インナーゲーム理論」がそれです。

スポーツをしている人の中には頭と身体の2人の自分が存在し、常に「頭の自分」が「身体の自分」に、「何やってんだ！」と叱りながらプレーをしているというのです。しかし、音などに集中すると、「頭の自分」が黙ります。

つまり「頭の自分」を黙らせれば、「身体の自分」は萎縮することなくのびのびとプレーできます。これが「自分のプレーに集中する」という状態になります。

トップアスリートが緊迫した決勝の舞台でも自分のプレーができるのは、この原理で「今の自分のプレーに集中」しているからだといいます。テニスであれば、ただ球を打ち返すというゾーンの感覚に入っているということなのでしょう。

スポーツで感情を制御するのは一般的には簡単ではなさそうですが、このように「2人の自分」という概念で考えると、意外にうまくコントロールができます。

ちなみに、もっともしてはいけないのは、経験者としてのあなたが他の人に何かを教えるときに、相手をむやみに叱りつけることです。「何やってんだ、へたくそ！」と怒鳴りつけて教えるのはタブー中のタブー。インナーゲーム理論ならず、自分自身がまず静かにすることが大事です。

習慣 99

「可能性の遺伝子」のスイッチをオンに

何歳になっても身体を動かすことへの挑戦をやめない人もいれば、早くも40代くらいから意欲が減退し、60代でさらに衰えるという人もいます。そういう人は、自分を奮い立たせる「やる気スイッチ」を自分自身で入れていきましょう。

遺伝子工学の村上和雄《むらかみかずお》先生と対談した際、「人間は可能性の因子を遺伝子として持っていて、その遺伝子は刺激を受けるとスイッチオンする」というお話をお聞きしました。

常に何か新しいことに挑戦して心に新鮮な刺激を与えながら、身体を動かすことでこの遺伝子スイッチがオンになる、という話なのです。

そのうえで、私が中高年世代に向けてお勧めしたいのがダンスです。

ダンスは人間が感情を発露させる根源的な表現行為で、いくらカラオケで大きな声で歌っても、心と身体を爆発させる「踊る」行為には及びません。

ダンスを趣味にしている中高年の方は、日常的に有酸素運動をしているので総じて健康ですし、姿勢も美しく関節の柔軟性も保てています。何よりストレスを発散しているのでいつも楽しそうなのです。

社交ダンス人口は100万人とも200万人ともいわれていますし、最近はヒップホップ教室へ通う中高年世代もいるそうです。女性にはベリーダンスも人気で、先日もご高齢のご婦人が生き生きと踊っているのを拝見しました。

10年ほど前にある小中学生ダンスコンクールに審査員として呼んでいただいたことがあるのですが、若い人たちの生命力に圧倒され、大変に感銘を受けました。

動物の中には求愛行動としてダンスをする種が多くありますが、エネルギーを高揚させて命を輝かせるという意味では、人間も共通するのではないでしょうか。

暗い店内でお酒を飲んでカラオケをするのも悪くないですが、遺伝子スイッチをオンにする意味で、ぜひダンスを始めて身体を思い切り動かしてみてください。音楽に合わせて、自己流の適当な動きをするだけでも楽しくなります。60歳からの人生が大きく転換すること間違いありません。

おわりに

知識が豊富で物知りな60歳であれば、人から何を尋ねられても大概のことには答えられるでしょう。しかし、「正解」を答えるだけなら人間でなくても可能です。生成AIに「バナナの味は？」と入力すれば、「滑らかでさっぱりとした味わい。完熟したバナナは甘みが強く、ほのかな酸味も」といった答えが瞬時に返ってきます。むしろ、ここまでの答えを人が短時間で返すのは難しいでしょう。

決定的な違いは、AIには実際にバナナを食べた経験がないということです。さらに言えば、バナナを食べる喜びや感動、意欲、目的意識なども なく、自分とバナナの関係性や距離感もAIは実感していません。

人は自己の肉体や心の存在を認識する「身体感覚」を持っていますが、AIにはそれがないか、似たものがあったとしても不十分です。**故に人間である私たちは身体感**

覚をこそ磨いていかなければならないのです。

先日見たあるドキュメンタリー番組の中で、ＡＩを搭載した四足歩行のロボットにサッカーボールをドリブルさせる実験をしていました。しかし、「自分」を自覚できていないＡＩロボットは、自己とボールとの関わりがわからず、とくに砂地や草地といった複雑な環境では最初のうちはうまくドリブルができません。

しかし、人間はこの作業を難なくこなします。自分の身体を認知しているうえ、自分とボールとがどのような関係性にあるかを理解しているからです。

ＡＩが本当の意味で自分の言葉を使って人間と会話をするためには、まずＡＩが「自分」という存在を自覚する必要があるのです。

そのうえで、話し相手の人間が「自分と同じ（対等で並列な）存在」であるとのリレーションを理解し、そこではじめてコミュニケーションが成立し、やがて新たな言葉の獲得にもつながるとのことでした。

「心」をつくるのは身体であり、身体を知ることで強靭な人工知能が開発できるということなのです。ＡＩ研究を突き進めた答えが「心と身体」、そして「他者との相関」

であるというのは示唆に富んだ話です。

本書でも「最強の60歳」に近づくためのさまざまな習慣をご紹介しましたが、通底するのは自分との向き合い方であり、そして相手や対象物との関わりです。

たとえば、誰かを褒めるには、自分が何者で、相手との関係性がどうであるかを熟慮する必要があります。小説を読む際にも、自我と物語との心の距離感を意識することが大切になってきます。

常に自分の内面と対話し、自身を保つ思想が貫かれていること、自分が何者かを考え、他者との関係を深く考えることが人生に求められることだと思うのです。

「彼を知り己を知れば百戦殆《あや》うからず」(孫子《そんし》)の思考が、いわば99個の習慣です。

私たちがこれからどんな習慣を身につけ、還暦以降の人生でどんな経験を重ねていくにしても、自分自身と向き合っていかなければ、知を語ることもできないはずです。

その真理を心に刻みながら一歩ずつ前へ進んでいきたいものです。

齋藤 孝

主要参考文献

斎藤孝『1話1分の脳トレ 齋藤孝の音読de名著』(宝島社)
齋藤孝『必ず覚える! 1分間アウトプット勉強法』(PHP研究所)
齋藤孝『軽くて深い井上陽水の言葉』(角川学芸出版)
齋藤孝『こどもドラッカーのことば 成果をあげる力が身につく!』(日本図書センター)
齋藤孝『齋藤孝の知の整理力』(かんき出版)
齋藤孝『雑談力が上がる話し方 30秒でうちとける会話のルール』(ダイヤモンド社)
齋藤孝『身体感覚を取り戻す 腰・ハラ文化の再生』(NHK出版)
齋藤孝『名著に学ぶ60歳からの正解』(宝島社)
斎藤孝『60歳からの生き方哲学 円熟した大人の作り方』(笠間書院)
齋藤孝・監修『子どもの頭と心を育てる100のおはなし』(宝島社)
川島隆太、齋藤孝『素読のすすめ』(致知出版社)
國分功一郎『暇と退屈の倫理学』(朝日出版社)
宮崎駿『折り返し点 1997~2008』(岩波書店)
養老孟司、名越康文『「他人」の壁』(SBクリエイティブ)
御厨貴監修、伊藤隆・飯尾潤 聞き手『渡邉恒雄回顧録』(中央公論新社)

切りとり線

★読者のみなさまにお願い

この本をお読みになって、どんな感想をお持ちでしょうか。祥伝社のホームページから書評をお送りいただけたら、ありがたく存じます。今後の企画の参考にさせていただきます。また、次ページの原稿用紙を切り取り、左記まで郵送していただいても結構です。

お寄せいただいた書評は、ご了解のうえ新聞・雑誌などを通じて紹介させていただくこともあります。採用の場合は、特製図書カードを差しあげます。

なお、ご記入いただいたお名前、ご住所、ご連絡先等は、書評紹介の事前了解、謝礼のお届け以外の目的で利用することはありません。また、それらの情報を6カ月を越えて保管することもありません。

〒101-8701（お手紙は郵便番号だけで届きます）
祥伝社　新書編集部
電話03（3265）2310
祥伝社ブックレビュー　www.shodensha.co.jp/bookreview

★本書の購買動機（媒体名、あるいは○をつけてください）

＿＿＿＿新聞の広告を見て	＿＿＿＿誌の広告を見て	＿＿＿＿の書評を見て	＿＿＿＿の Web を見て	書店で見かけて	知人のすすめで

★100字書評……最強の60歳指南書

名前
住所
年齢
職業

齋藤 孝　さいとう・たかし

明治大学文学部教授。1960年、静岡県生まれ。東京大学法学部卒業。同大学院教育学研究科博士課程等を経て、現職。専門は教育学、身体論、コミュニケーション論。著書に『声に出して読みたい日本語』(草思社　毎日出版文化賞特別賞受賞)、『身体感覚を取り戻す』(ＮＨＫブックス　新潮学芸賞受賞)、『最強の人生指南書』『最強の家訓』『潜在能力を引き出す「一瞬」をつかむ力』『30代の論語』『60代の論語』(以上祥伝社新書)など多数。訳書に『論語』(ちくま文庫)など。

最強《さいきょう》の60歳指南書《さいしなんしょ》

齋藤《さいとう》 孝《たかし》

2024年６月10日　初版第１刷発行
2024年７月10日　　　第２刷発行

発行者………………辻 浩明
発行所………………祥伝社しょうでんしゃ
〒101-8701　東京都千代田区神田神保町3-3
電話　03(3265)2081(販売部)
電話　03(3265)2310(編集部)
電話　03(3265)3622(業務部)
ホームページ　www.shodensha.co.jp

装丁者………………盛川和洋
印刷所………………萩原印刷
製本所………………ナショナル製本

Printed in Japan　ISBN978-4-396-11700-9　C0295

〈祥伝社新書〉
経済を知る

111
超訳『資本論』
貧困も、バブルも、恐慌も——マルクスは『資本論』の中に書いていた！
神奈川大学教授
的場昭弘

390
退職金貧乏
定年後の「お金」の話
長生きとインフレに備える。すぐに始められる「運用マニュアル」つき！
経済評論家
塚崎公義

655
知らないとヤバい老後のお金戦略50
悲惨な老後を避けるため、お金の裏ワザを紹介！
経済評論家
荻原博子

666
スタグフレーション
生活を直撃する経済危機
賃金が上がらず、物価だけが上昇するなか、いかにして生活を守るか
経済評論家
加谷珪一

676
どうする財源
貨幣論で読み解く税と財政の仕組み
「日本は財政破綻しませんし、増税の必要もありません。なぜなら——」
評論家
中野剛志

〈祥伝社新書〉
経済を知る

〈祥伝社新書〉
「心」と向き合う

183
般若心経入門
276文字が語る人生の知恵
永遠の名著を新装版で。いま見つめなおすべき「色即是空」のこころ
松原泰道

204
観音経入門
悩み深き人のために
安らぎの心を与える「慈悲」の経典をやさしく解説
松原泰道

076
早朝坐禅
凛《りん》とした生活のすすめ
坐禅、散歩、姿勢、呼吸……のある生活。人生を深める「身体作法」入門
宗教学者 山折哲雄

188
歎異抄《たんにしょう》の謎《なぞ》
親鸞をめぐって・「私訳 歎異抄」・原文・対談・関連書一覧
親鸞は、本当は何を言いたかったのか？
作家 五木寛之

308
神（サムシング・グレート）と見えない世界
「神」とは何か？ 「あの世」は存在するのか？ 医学者と科学者による対談
東京大学名誉教授 矢作直樹
筑波大学名誉教授 村上和雄

〈祥伝社新書〉
齋藤孝の本

205
最強の人生指南書
佐藤一斎「言志四録」を読む
仕事、人づきあい、リーダーの条件……人生の指針を幕末の名著に学ぶ
明治大学教授
齋藤 孝

367
最強の家訓
仕事と人生に効《き》く言葉
武家、商家、企業の家訓や社訓は、現代日本人が忘れた知恵の宝庫だった
齋藤 孝

603
潜在能力を引き出す「一瞬」をつかむ力
眠っている「潜在能力」の引き出し方、再現方法を紹介する
齋藤 孝

645
30代の論語
知っておきたい100の言葉
ビジネス、人間関係、思考力……人生の幹をつくる実践の言葉
齋藤 孝

646
60代の論語
人生を豊かにする100の言葉
リタイア、お金、健康……不安に動じない心をつくる言葉
齋藤 孝